« Les Défis Miniatures d'Angie »
Projets de Magazines

Partie I: 2000-2001

Dédicace.

Au South Devon Dollshouse Club qui le premier m'a demandé d'enseigner et à Marian Fancey qui la première m'a mise au défi d'écrire des articles. Merci pour le coup de pouce.

Publication de données

Première publication 2015 Sliding Scale Books (SSPB04)

Plaza De Andalucia 1, Campofrio, 21668, Huelva, Spain.

Contenu et photographies (c) tous droits réservés Angie Scarr et Frank Fisher 2000-2014. Livre mis en page par Frank Fisher et Angie Scarr

Sliding Scale SSPB04

Contents

Avant-propos, Introduction — 5
Avant-propos par Hostyn Marie-Paule et Introduction par Angie Scarr.

Tête de sanglier — 8
Démarches pour la réalisation d'un sanglier sauvage.

Homards vivants — 11
Un homard dans un casier.

Faisans — 14
Un couple de faisans.

Ananas — 17
Ananas 3 méthodes.

Calamar — 20
Voici Margaret, ce calamartant attendu!

Oeufs — 22
Boîte ou plateau d'oeufs.

Pommes de terre — 25
Une pomme de terre, deux pommes de terre, trois pommes de terre.

Artichauts — 28
Ou l'usage particulier de certains ustensiles de cuisine!

Tapas — 31
Viva España!

Salon Alexandra Palace — 35
En Direct Au Ally Pally.

Sandwich — 38
Sommes-nous tous devenus fous?

Le Chou Rouge — 41
Je peux l'avoir déroutée!

Bonbons — 44
Les petites douceurs.

Langue de Boeuf — 47
Ceci est très difficile à faire et n'est vraiment destiné qu'aux plus patients!

Poivrons et Pizzas — 50
Quand on veut on peut!

Tomates — 53
Tel au "Seaside Rock"!

Moulage de poissons — 56
Comme des sardines compressées dans leur cageot.

Fraises — 59
... ou Jordgubbe.

Remerciements — 62
Liste de contacts concernant les reportages publiés dans les magazines.

Index — 63

Les Défis Miniatures d'Angie
Projets de Magazines entre 2000 et 2005

Avant-propos par Hostyn Marie-Paule.

«Il n'y a pas de problème, il n'y a que des solutions!»

Cette petite phrase résume parfaitement le contenu de ce livre. Réaliser dans un délai très court tant de défis est bien entendu la résultante de toutes ses expériences. Angie nous procure de cette manière l'immense satisfaction d'avoir réalisé un défi avec aisance. Tout cela grâce au travail de recherche, d'inventivité d'audace et de simplification obtenu par cette magicienne de la pâte polymère! Amie de longue date, je reste totalement admirative de son savoir-faire mais j'apprécie encore plus son enthousiasme, sa positivité et sa chaleureuse amitié!!!

Bonne lecture et je dirais «A vos pâtes!»

Marie-Paule Hostyn

www.emilyart.net
Facebook: Emily Art

Introduction par Angie Scarr.

Lorsque je remonte à 14 ou 15 ans en arrière je constate que dans mes articles sur l'usage de la pâte polymère en miniature les mots «internet» et «prise vidéo» nécessitaient la mise entre guillemets car cela faisait partie d'un nouveau concept encore très peu utilisé pour un usage domestique.

Je fus dans les premières à disposer d'un site pour miniaturistes grâce aux talents de mon époux passionné d'informatique et innovateur en la matière pour l'époque! C'est en regardant les anciennes photos et explications de mes premiers défis que je constate à quel point les temps ont changés!

Tout en produisant cette ancienne série d'articles je réalise que les plus anciennes miniaturistes ne sont pas nécessairement des lectrices de e-book mais sont assurément en possession de ces anciens magasines dont les éditions sont actuellement indisponibles car épuisées. Lors de leur publication la plupart des idées étaient entièrement ou partiellement absolument innovantes. Certaines de ses techniques ont été améliorées ou carrément remplacées par de nouvelles méthodes inventées au

fil de mes idées ou d'autres miniaturistes

Une ou deux idées ne sont pas de mon cru tels les bonbons et la gelée. Je ne me rappelle malheureusement plus ou les avoir vus! La première cane pour les citrons que j'ai vue a été réalisée par un artiste Américain et rentrée chez moi croyant que j'avais compris la méthode je me suis mise au travail. Une erreur de technique m'a ensuite révélé comment réaliser une orange par quartier et une orange épluchée. Cette idée complètement nouvelle m'a permis de réalisé des montages en réunissant les différentes parties pour obtenir un produit spécifique tels les feuilles à nervures pour les choux et les choux-fleurs etc...... Des amis à maman m'ont demandés de leur expliquer mes trouvailles et c'est ainsi que les ateliers ont débutés. Lorsque j'ai envoyé mes trois premières vidéos à «Marian Fancey» (propriétaire et éditeur de Dolls House et scènes Miniatures , elle me demanda si j'accepterais d'écrire une série d'articles concernant la pâte polymère. Sue Haeser fut très occupée avec ses livres. J'informai Marion que j'écrivais également un livre mais que si je pouvais conserver mes droits d'auteur au cas où je souhaiterais inclure certaines idées dans mon livre je serais très heureuse d'écrire pour eux. J'ai hautement apprécié que «Marian» a suggéré de lancer l'idée des défis à son public car je n'ai jamais pu résister à un défi!

La plus grande partie de ce recueil a été constituées par ces défis mais j'ai également inclus des articles publiés à l'origine dans d'autres magasines de miniatures tout en mentionnant le nom du magasine, et son numéro de parution

Cette collection a été partiellement révisée et mise à jour tout en laissant l'essentiel des originaux. Par conséquent, tous les projets ne sont pas décrits étape par étape. Dans certains cas une note sur la façon dont réalise le projet a été ajoutée, et uniquement si cela implique une amélioration significative pour le résultat. Beaucoup ne sont cependant qu'un avant-goût des méthodes qui sont décrites plus en détail dans mes livres. Lorsqu'il existe un lien important vers les livres ou les vidéos de YouTube, je n'ai pas manqué d'ajouté ces liens au texte.

J'espère que vous apprécierez ce regard rétrospectif sur les anciens défis. Je suis impatiente et me réjouis d'écrire ce livre dans ce format d'autant plus que cela permet de le présenter traduit dans d'autres langues.

S'il vous plaît n'hésitez pas à me contacter pour tout commentaire ou demande d'information via mon formulaire en ligne ou sur facebook.

www.angiescarr.co.uk
facebook.com/angiescarr.miniatures
www.youtube.com/user/angiescarr

Meilleurs voeux, Angie.

«Les Défis Miniatures d'Angie»
Projets de Magazines

Partie 1: 2000-2001

Tête de Sanglier

Publié à l'origine dans DHMS Magazine nr 70 Avril 2000

Démarches pour la réalisation d'un sanglier sauvage

L'instigatrice fut Carol Barass de Hull. Carol m'expliqua avoir quelques difficultés à trouver une belle tête de sanglier pour orner sa maison de style Tudor. En remerciements, DHMS et moi-même avons offert à Carol la tête de sanglier représentée sur cette photo. Tous mes remerciements à Carol pour cet intéressant défi.

Ma première intuition ou plus exactement celle de mon "fana" de mari Frank, fut évidemment de consulter internet. Pour information: toute personne pouvant croire que lorsque je surnomme mon époux un fana d'informatique je me moque de lui, se trompe largement car ce terme de "fana" est une formule tout à fait respectueuse et méritée pour l'expert informaticien qu'il est.

Nous avons déniché quelques scènes de chasse sur lesquelles certains sangliers avaient des défenses. Toutes ces informations m'ont rendu de plus en plus perplexe. Quelles sont les différences entre le cochon, le sanglier et le porc? Par qui et comment se mangeaient-ils? Particulièrement, de quelle manière la tête de sanglier était-elle présentée aux repas. Peut-être sur un plat en bois ou plutôt un plateau en étain?

C'est ainsi que nous avons trouvé des informations concernant un banquet médiéval prévu dans le cadre d'un évènement ponctuel pendant les fêtes de Nöel. Assurés que l'on y servait des têtes de sangliers nous avons enregistré l'épisode et analysé très soigneusement à l'aide d'arrêt sur image, ce qui manque encore trop de précision. C'est encore mon "fana d'informaticien" qui a résolu le problème. Il a accédé à un programme intitulé "video capture" qui traite particulièrement l'arrêt sur image. Ainsi le weekend dernier lors de notre visite à notre club d'informatique nous avons réellement capturé les caractéristiques d'un sanglier! Je fus surprise de constater qu'ils étaient servis dans un panier en osier sans distinguer de défenses. Ils étaient décorés simplement à l'aide d'herbes telles ales feuilles de laurier et romarin introduit dans les oreilles et devant le groin. Ceci m'incita à obtenir encore plus d'informations.

J'interrogeai Aileen de 'Merry Gourmet Miniatures' intarissable sur le sujet et source inépuisable d'informations concernant l'historique de la nourriture. Et voici ses explications: Les cochons et les porcs sont des animaux domestiqués servant de nourriture aux paysans ou jamais ils ne sont présentés entiers sur un plateau. Le sanglier sauvage est plus spécifiquement un trophée de chasse particulièrement interdit aux paysans. Toute transgression impliquait une impitoyable punition pour le braconnier. C'est ainsi que la tête de sanglier n'était servie que chez les nobles et la haute société et uniquement à certaines occasions. Ce fut a partir de l'époque médiévale jusqu'à l'époque Elisabéthaine la pièce principale de grands dîners. Selon Aileen la manière de le servir diffère selon les périodes. Durant l'époque médiévale les plats étaient richement décorés usant de dorures et transformant les aliments pour qu'ils prennent l'apparence d'autres choses. Telle la viande émincée et roulée en boules pour avoir l'aspect de pommes dorées. Les banquets étaient souvent somptueux et très décorés. J'ai finalement opté pour l'interprétation la plus simple en suivant les instructions de Aileen concernant la période Tudor. Seule subsiste le choix de la présentation du plat. C'est également Aileen qui m'a aidé à résoudre la question. En effet, si le plat est destiné aux riches j'ai le choix entre l'or, l'argent, l'étain etc. … en ignorant les plus humbles. Mais la réalisation du panier en osier ou du plateau en bois me les rendait difficiles n'ayant pas les outils nécessaires à leur réalisation.

J'optai pour les deux. Un panier en osier garni d'herbes et…

Pour vous une version plus simple à réaliser.

Etape 1

Pour commencer il vous faut un cône de 3 cm de pâte polymère et deux petits triangles pour les oreilles. Couper la pointe pour former un groin. Enfoncer et aplatir le front et le bout du groin. Faire un rebord en malaxant le bout.

Etape 2

Réaliser une ligne au centre du groin et ajouter les narines. Marquer les yeux simplement pour estimer ou se situeront les oreilles. Ajouter les oreilles dans la courbe juste derrière les yeux.

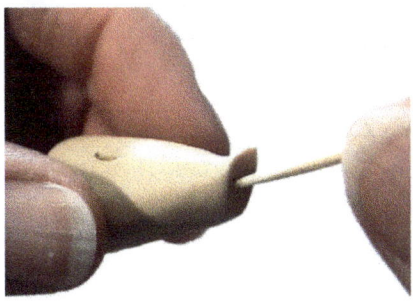

Etape 3

Entailler la bouche sur 1 cm juste derrière le groin. Creuser les orbites autour des yeux en vous assurant qu'ils donnent l'impression d'être fermés sans avoir l'air macabre! Les sangliers possèdent un genre de crête dorsale

où les défenses s'alignent avec la mâchoire supérieure. Pour rendre l'ensemble encore plus réaliste rajouter un rien de pâte polymère à cet endroit.

Délicatement malaxer la pâte tout autour pour élever légèrement les bords.

Pour terminer couper la gueule en partant juste derrière le groin en revenant sur 1 cm. Introduire une pomme (pomme verte) ou un oignon (transparent ou un mix vert très pâle) dans le groin et placer deux fins cônes crème de part et d'autre de la gueule pour les défenses.

Mettre un peu de mix quick ou de pâte transparente au centre de votre plat ovale. *(Actuellement j'utilise de la fimo liquide pour fixer les pièces sur les plats etc.)* Appuyer légèrement la tête de sanglier sur le plat pour le fixer.

Etape 4

Pour réaliser les feuilles utiliser du vert feuille ou une superposition de vert feuille et d'un mix vert plus clair. Découper de petites formes de feuilles comme illustré a-dessous.

Etape 5

Pincer les feuilles par paire et tracer une nervure d'au centre de chacune à l'aide d'un cure-dent ou un objet très pointu.

Etape 6

Rouler quelques tiges très fines en vert foncé et y rattacher quelques feuilles. Faire deux ou trois tiges garnies de feuilles et les précuire (celles-ci seront placées derrière la tête).

Etape 7

Ajouter plus de feuilles tout autour du plat en prenant soin de les laisser déborder des bords du plat. Après avoir cuit votre tête de sanglier, donner l'aspect laqué d'une cuisson en utilisant la peinture claire Humbrol *(indisponible pour l'instant donc utiliser tout simplement une peinture ocre et brun clair ou un pigment et du vernis).*

Etape 8

Si vous avez de fins doigts très agiles vous êtes en mesure de réaliser les baies décoratives pour les feuilles mais ceci est tout à fait facultatif car les baies ne fleurissent que pendant la période hivernale. Au printemps les baies seront d'un vert légèrement plus clair.

C'est le genre de détail qui me tient tant à coeur!

Homards Vivants

Publié à l'origine dans DHMS Magazine nr 71 de mai 2000

Un homard dans un casier.

Ceux qui me connaissent bien savent à quel point je déteste les homards! Je ne doute pas qu'ils soient d'adorables petites créatures ni qu'ils soient délicieux à manger mais ils sont extrêmement complexes à réaliser.

Lesley Symonds de Braunton Miniaturusts Club a dû attendre patiemment deux ans avant que je ne parvienne à relever son défi de réaliser des homards cuits. En remerciement de sa patience je lui fais cadeau d'une paire d'homards vivants et pour qu'ils ne leur prennent pas l'envie de s'échapper j'ai également prévu un casier à homard pour les contenir! Mais connaissez-vous la différence entre un homard bleu et un autre?

Quelqu'un me raconta qu'un homard bleu est un homard cru, ce qui m'incita à surfer sur le net pour y "capturer" un homard. Bien évidement j'ai introduit les mots clefs homard + bleu, assurée d'obtenir des pages et des pages traitant du homard bleu. En réalité il s'agirait d'une espèce différente de notre traditionnel homard rouge lorsqu'il est cuit, mais vivant en eau douce. Ensuite j'ai découvert un reportage webcam fascinant (rasoir!) sur les homards vivants mais j'y ai recueilli très peu d'informations qui puissent m'intéresser en dehors du fait qu'ils sont gris, mais ce fut tout! En définitive me croirez-vous, si je vous dis que c'est Channel 4 qui m'a fourni les informations nécessaires. Peu de temps après "Time Team" qui me permit de résoudre le défi de réaliser une tête de sanglier, vint l'original Hugh Fearnlay-Wittingstall et son retour à River Cottage. Hugh va à la pêche au homard et revient avec un homard de grande taille dont il a attaché les pinces à l'aide d'un large élastique. Grace à cette scène j'ai pu obtenir quelques arrêts sur image très instructifs. Bon dieu que j'aime la technologie!

J'ai d'abord pensé réaliser toute la scène avec Hugh et son vieux loup de mer lors de la prise de pêche mais je ne pouvais me résoudre à réaliser une poupée HFW différente de Johnathan Creek. Je retournai sur internet pour découvrir l'évolution de la consommation du homard et vérifier que les homards puissent ête intégrés dans chaque maison de poupée. J'en conclu que la consommation de homard remonte jusqu'à l'époque anglo-saxonne ce qui confirme qu'ils sont à leur place dans une cuisine miniature. Quant au récipient contenant les homards, celui de Hugh relève plus du design traditionnel britannique qui évolua au cours des siècles.

De nos jours nous capturons des homards de plus petites tailles. Dans une toile (1934) de Fred Elwell intitulé "l'étal à poissons" détenue par la galerie Bury Art, nous découvrons un étal offrant des homards ayant le double de dimension de ceux que j'ai pu observer actuellement. C'est ce qui explique la taille de mes homards que j'ai reproduit avec fidélité. Lors de mon défi j'ai également utilisé des canes très sophistiquées pour reproduire l'aspect de la carapace du homard, j'ai donc opté pour une version plus simple à réaliser et vous prie de bien vouloir prendre en considération que la mise en peinture n'est pas un de mes points forts!

Vous avez à votre disposition une vidéo sur le sujet sur You Tube channel et un moule pour simplifier la réalisation. Veuillez consulter mon site www.angiescarr.co.uk pour les commander.

Etape 1
Commencer par faire deux fins rouleaux de pate polymère de couleur crème pour les antennes. Et j'ai utilisé un mix de champagne et de Fimo blanche. J'y ai ajouté un rien de Mix Quick pour la flexibilité. Recourber les extrémités et précuire

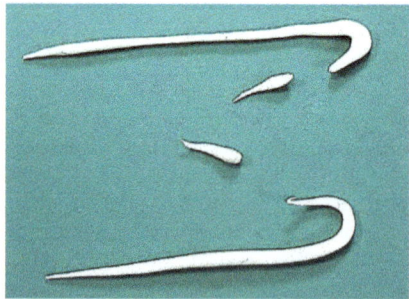

ensemble avec les deux tiges pour les yeux en forme de larme allongée. Faire cuire en premier lieu car une fois durcies elles seront insérées dans le corps.

Etape 2
Il vous faut une grande pièce en forme de larme allongée pour le corps et deux autres plus petites pour les pinces. Faire également quatre très fins rouleaux pour les pattes.

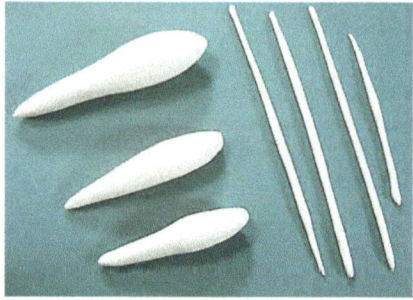

Etape 3
Faire la pointe de la tête bien pointue et aplatir les pinces comme démontré sur la photo, tâcher de faire cela très délicatement pour ne pas hacher la pince! Pour cela j'utilise un outil à bout rond que l'on trouve chez les fournisseurs de pâtisserie.

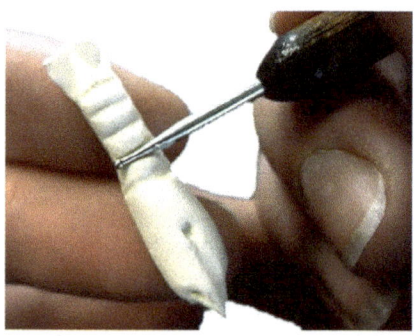

Etape 4
Compresser l'extrémité des pinces pour l'aplatir et ensuite à l'aide de l'outil à bouts ronds marquer les mâchoires des pinces.

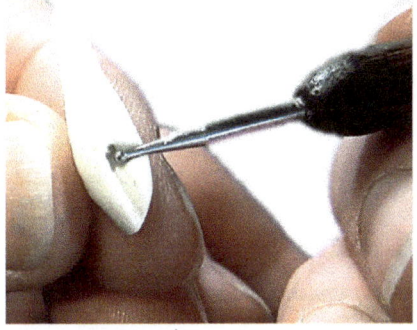

Etape 5

Presser l'outil fermement pour séparer les mâchoires des pinces et marquer les dentelures.

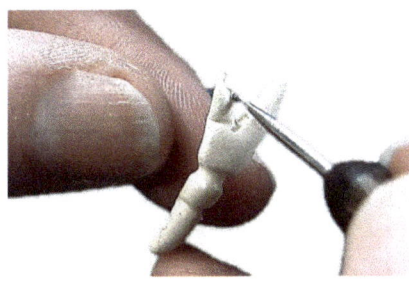

Etape 6

Assembler les parties non recourbées comme sur l'illustration. Ajouter les antennes et les yeux, recourber les mandibules sous le corps légèrement vers l'avant. Rajouter la queue au corps (recourbée ou non) et mettre le tout au four.

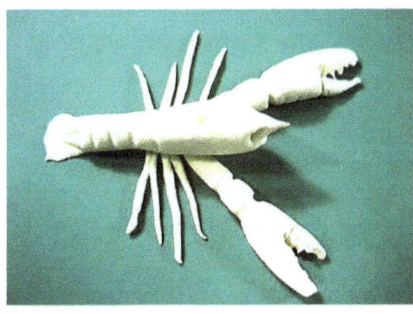

Etape 7

Peindre par touches. D'abord une peinture de couleur brune sur les flancs et ensuite en noir légèrement en pointillés sur l'arrière. Encore un rien de noir sur les extrémités des tiges pour les yeux et pour les antennes. Je vous recommande de n'utiliser qu'un enrobage de vernis très léger qui rende l'aspect humide et non brillant.

Vous trouverez le matériel pour la confection du panier au mètre dans un magasin de tissu. Il vous est loisible d'achever la décoration en y accrochant quelques minis coquillages.

Faisans

Publié à l'origine dans DHMS Magazine nr 72 juin 2000

Un couple de faisans

Je vous remercie pour tous ces défis intéressants, le premier que je me défie de réaliser le mois prochain. En attendant j'ai oublié le temps ou je demandais des sujets à fourrure ou à plumes. C'est un réel défi en ce qui me concerne de donner un aspect

naturel à une matière plastique. Ceux-ci sont destinés à Alison Taylor d'Oxford. C'est avec grand plaisir d'autant plus qu'Alison est ma cousine et une personne très créative.

J'ai décidé de les destiner aux plus experts d'entre vous mais j'espère également qu'ils inspireront les plus débutants en pâte polymère. Ce défi prouve à quel point créer des canes ou bâtons peut être complexe. C'est en pratique parvenir à composer des canes ou bâtons en pâte polymère avec différents coloris superposés ou juxtaposés dans le but de les allonger plus tard. C'est assembler en plus gros et plus court un montage de coloris et formes qui une fois allongé et rétréci rend le motif recherché en miniature.

Ceux pour qui cette technique de monter des canes ou bâtons, il y a un article très intéressant dans le "Projects magazine" article (1998v2) sur les mariages. Le procédé pour la réalisation de cane pour faire les oranges est également disponible sur mon site angiescarr.co.uk ainsi que quelques liens sur You tube pour d'autres articles.

Etape 1

A propos lorsque le bâton ou cane est réalisé il est utilisable indéfiniment. Le bâton pour les yeux du male montré ci-contre a été réalisé il y a plus d'un an. Cela fait partie d'un des projets que j'ai mis en route mais jamais terminé ... comme cela doit aussi vous arriver. Il n'est même pas indispensable de le conserver dans un récipient sous vide. J'utilise des boites vidéo dans lesquelles toutes les parties sont idéalement conservées en attendant d'être assemblées. Parfois il est utile de compresser et réchauffer une ancienne cane pour lui rendre son élasticité. Le plus important c'est les protéger de la lumière et de la fluctuation de température.

Si vous souhaitez éviter la fabrication de la cane il vous suffit de prendre les bonnes couleurs basiques de les découper très fine-

ment et recouvrir le corps du faisan et utiliser un cure-dent pour fixer dans la texture.

Etape 2

Habituellement je conseille vivement aux intéressés 'acquérir les pièces originales mais la plupart de mes défis sont très particuliers ou rares et les faisans ne font pas exception à la règle.

C'est une bonne occasion de vous suggérer l'octroi de ma bible **"The book of ingrédients" (Le livre des ingrédients) ISBN-13:978-0718130435**. Les éditeurs devraient par ailleurs me verser des indemnités tant je recommande ce livre indispensable. C'est un recueil de photos de tous les ingrédients tels poissons, viandes, fruits, légumes, volailles et autres. Les photos sont de taille réelle ou à échelle acceptable. Ce sont sur ces clichés de faisans que je me suis basée pour rechercher les coloris, les formes et tailles concernant le mâle et la femelle faisan.

Etape 3

J'ai acheté quelques plumes de faisan, qui m'ont permis d'examiner de très près le modèle de chaque plume. J'en ai déduit

qu'il y a principalement quatre sortes de modèle de plume avec quelques variations. Je vous explique donc comment j'ai reconstitué le modèle le plus courant de plume.

Le plus surprenant est de constater que la majorité des gens pense que les plumes de faisan femelle sont plus ordinaires, ce qui n'est absolument pas le cas car elles sont tout aussi complexes que belles.

Etape 4

Constituer le bâton complexe en découpant les cylindres originaux en formant une mosaïque sous forme d'écailles de poisson.

Etape 5

Lorsque vous avez différentes sortes de plumes, il suffit d'assembler les différentes canes pour n'en former qu'une seule plus complexe.

Etape 6

Vous faites de très fines tranches de cet ensemble mosaïque et vous les placez sur le corps.

Etape 7
Pour le faisan mâle, je suggère de d'abord recouvrir la tête et le très long cou et de cuire au four.

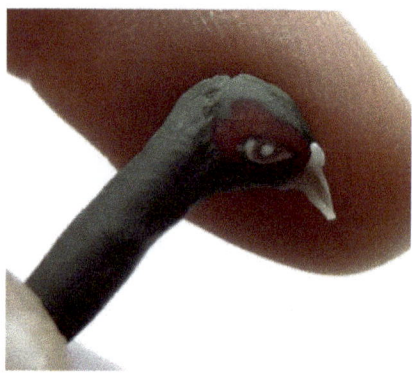

Etape 8
Prévoir également de petites plumes pour la queue et les pattes

Modeler un corps souple et les pattes avec du quick mix ou une pâte polymère souple.

Etape 9
Envelopper le corps et les pattes de fines tranches et fixer les pattes au corps. Si vous le souhaitez, ajoutez ensuite quelques plumes supplémentaires pour former les ailes. J'ai triché un rien en dentelant légèrement un rien au cure-dent pour donner l'effet «ailes».

Etape 10
Pour terminer j'ai saboté tout mon travail de composition en texturant le tout à l'aide d'un instrument dentaire! C'est de la folie mais cela me ressemble tout à fait ! Cette photo correspond aux plumes de la femelle faisan. Ne désiriez-vous pas une paire de faisan ?

Il existe une autre méthode pour faire des plumes en pâte polymère mais je suppose que cela ne vous concerne pas encore, n'est-ce pas ? Ce sera pour un prochain défi.

Ananas

Publié à l'origine dans DHMS Magazine nr 73 juillet 2000

Ananas 3 méthodes

J'ai reçu de nombreuses demandes pour les ananas. Manifestement une source de frustrations pour la majorité d'entre vous. Julia Smart me dit ceci «Le plus réussi que je puisse faire ressemblais plus à une grenade qu'à un ananas» et «Margaret Cassidy» si je pouvrais en réaliser un, qui ouvert ait l'air

juteux et suffisamment appétissant pour avoir envie d'en manger. «Margaret et Julia» je vous suis redevable. Dans mes investigations pour retracer l'historique de ce merveilleux et très délicieux fruit, il me semblait que je me devais d'interroger la source la mieux renseignée sur le sujet. Ce fruit fut le favori de la noblesse toutefois cette hypothèse est dénié par Del Monte. J'ai également découvert sur internet un portrait du roi Charles recevant un ananas en cadeau (symbole de privilège royal) Donc mes recherches ne furent pas entièrement vaines!

Selon mon historienne alimentaire favorite (Aileen Tucker bien entendu !) le premier ananas qui fut présenté avec succès en Grande Bretagne fut celui présenté au roi Charles en 1720 Il semblerait que le jardinier responsable aurait utilisé un procédé de «fosse chaude» produisant de la chaleur en y faisant fermenter des morceaux d'écorces .Il se peut que notre jardinier se heurta à autant d'échecs et tentatives infructueuses que j'ai dû affronter en réalisant mon ananas à l'échelle un douzième

Bien que nous le retrouvons sur les tables des grandes maisons à la fin de l'époque Victorienne grâce aux bateaux possédants des chambres froides, l'ananas reste un fruit particulièrement exotique du moins jusque dans les années soixante. Je ne me rappelle pas avoir vu des ananas dans le magasin de mon village local bien que je sois née en 1957! Au cours du dernier siècle, des tranches d'ananas ont fait leur apparition grâce à l'arrivée de la conserve.

Etape 1

Toutes les feuilles sont réalisées avec la même méthode que l'article sur la tête de sanglier dans le nr 71. Si vous l'avez raté, je vous rappelle qu'il suffit de couper à l'aide d'un emporte-pièce rond des feuilles sur les bords de la plaque de pâte polymère. Utiliser du fil de fleuriste que vous fixez dans un gros bloc de mix quick comme base de fixation pour les feuilles. Avant de

les mettre au four, enduire les revers des feuilles de poudre de talc ou plâtre, pour leur donner les reflets plus clairs des vraies feuilles d'ananas. Cuire en premier lieu et les insérer dans l'ananas après les avoir coupé à la bonne longueur.

Vous aurez ainsi le choix entre trois méthodes pour réaliser les ananas. A vous de choisir la méthode qui vous branche le plus!

Etape 2

La méthode de "grenade", celle qui désola Julia: Il vous faut un petit peu de pâte polymère orange. A l'aide d'un cure-dent, outil dentaire, ou scalpel (attention!) faire des lignes diagonales tout autour en partant du haut à droite vers la base. Ensuite haut gauche jusqu'à la base à droite. Ceci donne un genre d'ananas gravé en

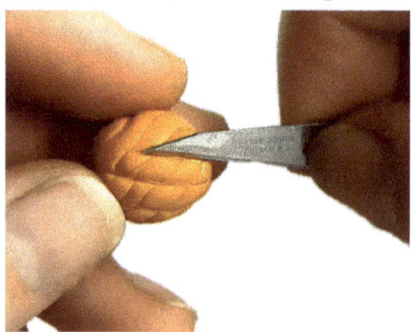

style art nouveau après la mise en peinture (voir la nouvelle méthode utilisée dans un prochain défi pour la réalisation d'artichauts.)

Etape 3

Faites un moulage comme celui que j'ai utilisé. Personnellement j'ai utilisé comme modèle le fruit d'un arbre dont j'ignore le nom. Je ne sais pas s'il s'agit d'un fruit ou d'une fleur mais c'est un petit cône de pin vert taillé comme un ananas. Celui qui le reconnait serait très sympa de m'en donner le nom exact! Si vous en trouvez un, n'attendez

pas pour faire un moulage tant qu'il est vert car il se déshydrate très rapidement.

Pour fabriquer le moulage j'ai utilisé du «Milliput» et une fine couche de «Humbrol Maskol» pour protéger le modèle et la partie entre les deux parties du moulage. Vous malaxer assez de «Milliput» pour réaliser la première partie du modèle. Lorsque c'est bien sec passer une couche de Maskol et ajouter la deuxième partie du moulage. Lorsque tout est sec séparer les deux parties et ôter le modèle. J'ai bien l'intention de développer cette méthode pour réaliser des moulages lors d'un prochain défi. Actuellement j'utilise du Minitmold disponible à la vente via mon site web. Pour les deux méthodes vous devrez utiliser de la peinture verte pour démarquer l'effet diamant de l'ananas. Pour cela passer un peu de peinture verte entre les arêtes et repasser avec un morceau de chiffon doux pour ôter en partie la peinture. Ceci devrait laisser assez de peinture pour avoir l'effet vert usé.

Vous obtiendrez un effet plus usé en

passant avec une perceuse munie d'un disque pour polir ce qui ôtera une partie de la peinture de surface.

Etape 4

La troisième méthode est évidement la terrible méthode du cannage.

Etape 5

Si vous êtes une habituée du cannage, vous n'aurez aucune difficulté à vous inspirer d'après les photos.

Etape 6

Le coeur de l'ananas est relativement simple à réaliser. J'utilise pour cela un jaune transparent (malheureusement uniquement en Fimo Soft) et de la Doll Fimo porcelaine pour faire les nervures. Vous pourriez utiliser également du transparent mix blanc. Si vous ne possédez plus de l'ancien Fimo transparent jaune il suffit de rajouter du jaune or pour compléter la transparence.

J'ai superposé les couleurs (voir le projet sur les oignons dans mon livre "Making Miniature Food")

Terminer par une fine couche de vernis Fimo pour rendre le tout juteux.

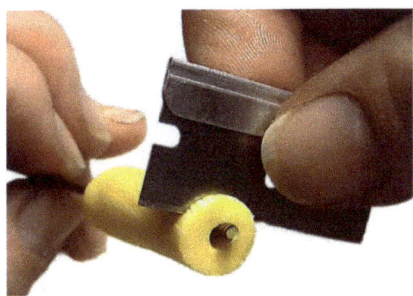

Youtube!

Sur mon site angiescarr.co.uk vous trouverez le lien sur You Tube pour visionner les vidéos pour réaliser des ananas.

Calamar

Publié à l'origine dans DHMS Magazine n 74 Août 2000

Voici Margaret, ce calamar-tant attendu!

Comment aurais-je pu résister au défi lancé par Margaret lors de notre rencontre au salon Pudsey en avril dernier? Margaret me réclamait une autre sorte de poisson tel notre ami le calamar. En échange Margaret

proposa de réaliser spécialement pour moi un de ses magnifiques logos brodés.

Je remercie particulièrement mon poissonnier local sur la route d'Hessle, centre historique de la communauté de pêche de Hull. Mr Simpson me raconta que le calamar est très courant sur les rivages britanniques. En ce qui me concerne ce fut une surprise tant j'ai toujours pensé que c'était un plat exotique.

Mon défi principal réside à obtenir une réelle transparence de la peau malgré la couleur, pour rester absolument fidèle à la réalité.

Comme pour les homards, il est possible de peindre les calamars avec légèreté cependant pour obtenir un effet vraiment satisfaisant il est indispensable d'obtenir ce résultat avec la pâte polymère.

Etape 1

Dans ce cas bien précis j'ai utilisé de la Fimo Doll porcelaine pour le corps. Celle-ci possède les qualités requises Pour obtenir un résultat similaire il est possible de mélanger 75% de transparent avec 25% de mix blanc, certainement depuis que la Fimo Doll porcelaine ne se trouve plus qu'en grand format et de ce fait devient onéreuse. D'autres marques de pâte polymère ont des différences au niveau

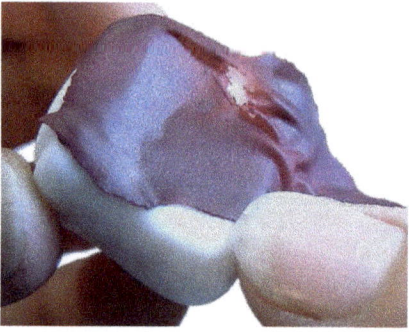

transparence mais en finale le mélange est pratiquement similaire.

La peau est constituée d'une très fine couche de pâte de couleur bourgogne. Mettre une petite quantité sur un cube de pâte pré malaxée.

Etape 2

Presser l'un contre l'autre jusqu'au maximum de l'élasticité pour que le blanc se distingue par transparence jusqu'à ce que la feuille soit prête à craquer. Enrouler cette feuille pour former une cane et étirer jusqu'à un diamètre de 1,5cm.

Etape 3

Répéter tout le procédé en utilisant le coloris aubergine foncé. Couper la première cane et pincer le bout de couleur. Couper ce cône et utiliser un cure-dent ou un instrument à bouts ronds pour y creuser une cavité dans la base du cône. Réaliser un deuxième cône plus petit que vous introduisez dans la cavité du premier.

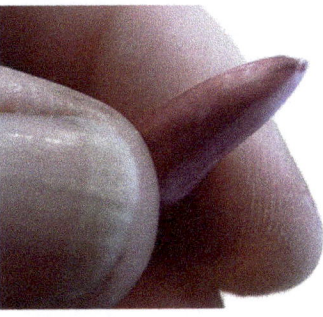

Etape 4

Utiliser un outil à bouts ronds pour creuser l'endroit où viendront les tentacules.

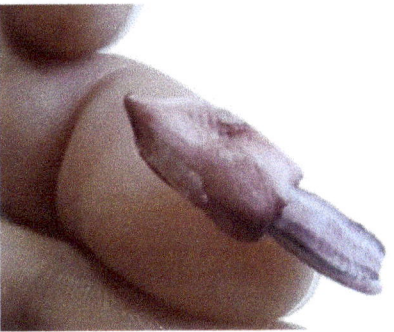

Etape 5

Utiliser un outil dentaire ou une lame pour rouler les tentacules en de longues bandes.

Etape 6

Pincer l'emplacement des "deux ailes" et y introduire délicatement les tentacules légèrement espacées au milieu. Ajouter deux yeux de couleur foncée. Mettre au four sur un plat en céramique.

Etape 7

Vous pourriez par exemple créer votre propre plateau en marbre en mélangeant du gris et du noir grossièrement dans du blanc en les malaxant ensemble. Ensuite vous enroulez et déchirez l'ensemble une à deux fois jusqu'à ce que cela ressemble à du marbre. Aplatir ce mélange en une fine feuille sur un support céramique. Couper ensuite en rectangles mais n'essayez surtout pas de les décoller du support céramique. Après cuisson, les rectangles peuvent être enlevés de la plaque céramique et vous pouvez poncer les bords pour les adoucir. Vous utilisez du vernis Fimo avec parcimonie pour donner un aspect gluant aux calamars. L'idéal serait de mélanger du vernis mat et brillant pour obtenir l'effet désiré.

Oeufs

Publié à l'origine dans DHMS Magazine nr 75 September 2000

Boîte ou plateau d'oeufs

Remerciements à Margaret Bird rencontrée à Hove et qui a souhaité que je lui fasse des œufs, et Bennett qui souhaitait également des œufs, en première place d'une liste aussi longue que mon bras! Je remercie par la même occasion cette charmante dame rencontrée à l'arrêt du bus qui très discrètement me confia l'étonnement d'arriver déjà à son

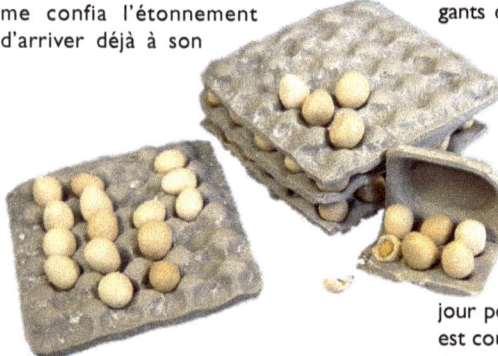

prochain quatre-vingtième printemps! Ethel a travaillé toute sa vie comme épicière et me confia quelques renseignements pratiques sur la livraison des œufs dans des paniers par les fermiers depuis Hull jusqu'au sud de la rivière Humber ainsi que dans le Yorkshire de l'est ceci jusqu'à l'arrivée des bateaux à vapeur. Je lui demandai si elle se souvenait à quand remontait l'usage des premiers plateaux et boites en papier mâché de couleur rouge. Ils ne furent plus utilisés après la guerre me dit-elle.

Elle tenta de m'expliquer les premières boites en bois munies d'intercalaires en carton mais je n'ai compris qu'a moitié. Si quelqu'un connait plus d'informations concernant les emballages des œufs par le passé, n'hésitez pas à m'en informer.

Ce fut un défi sensiblement difficile à respecter tant je suis novice dans la confection de moulage tout en brisant toutes les règles de base. Pour ce projet en particulier j'ai utilisé du Milliput pour faire les quelques moulages dont j'avais besoin. Le Milliput est disponible dans les bons magasins d'arts créatifs et existe dans une gamme étendue de coloris différents. En ce qui me concerne le meilleur choix pour les moulages est le gris bien que j'ai également utilisé le blanc (je l'avais dans mes réserves). Le Milliput est constitué d'une double composition d'époxy et je vous conseille vivement de mettre des gants de protection lors des manipulations.

Vous constaterez qu'il adhère un peu et aussi longtemps que le produit est frais il se dissoudra lorsque vous vous laverez les mains gantées sous l'eau courante. Ne malaxez que de petites quantités à la fois sachant que le produit durcit très rapidement. Il vous faudra faire preuve de beaucoup de patience ou consacrer un quart d'heure par jour pour cette méthode car chaque partie est courte mais demande une journée pour durcir complètement.

(Actuellement j'utilise du MinitMold, disponible via mon site angiescarr.co.uk , pour la quasi-totalité de mes moulages. Le durcissement ne prend qu'une dizaine de minute et sans aucun autre agent de démoulage qu'un peu de talc pour faciliter la réalisation de la deuxième partie du moulage).

Etape 1

Commencer par former un rectangle peu épais en Milliput et à l'aide d'un marqueur (comme les marqueurs fluo pour souligner) presser deux fois l'empreinte du marqueur côte à côte et former ainsi deux parties l'une plus profonde et l'autre en surface. L'une partie sera la base et l'autre le couvercle de la boîte. Lisser légèrement les parties à l'aide d'un outil à modeler et un peu d'eau. J'utilise une éponge à récurer et un bol d'eau rempli au tiers. J'humidifie souvent les outils à modeler, l'effet est plus lisse et donne un moulage plus lisse. Laisser reposer une nuit entière.

Etape 2
Le jour suivant ajoutez un rien de Milliput à l'une des parties de la boite.

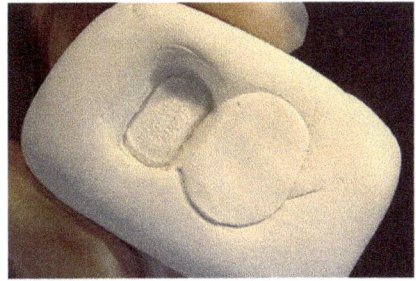

Etape 3
Modeler cette partie à l'aide d'un tournevis cruciforme. Vous devrez veiller a réaliser un motif croisé régulier et parallèle aux côtés de la boite. Cela veut dire que vous aurez des + et non des X.

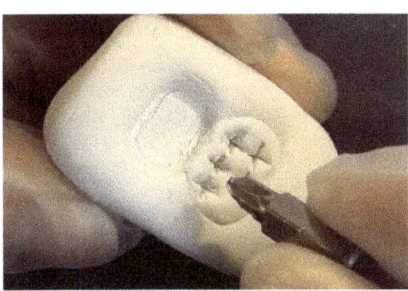

Etape 4
Avec l'aide d'un outil à bord plat, aplatir les parties entre les croix pour former les orifices dans lesquels seront placés les oeufs. Ensuite tracer un bord tout autour des cavités. Laisser durcir.

Etape 5

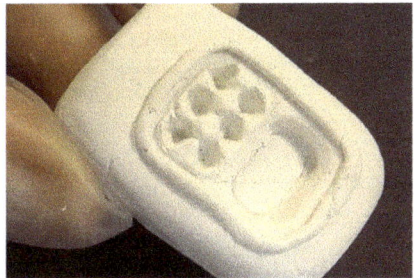

Vous pourriez également réaliser un plateau à œufs en utilisant la même sorte de tournevis tournevis cruciforme mais réalisé ici dans la pâte Fimo avec une autre sorte de tournevis à crosse pour obtenir un résultat similaire.

Etape 6
Le jour suivant recouvrir d'une épaisse couche de Maskol.

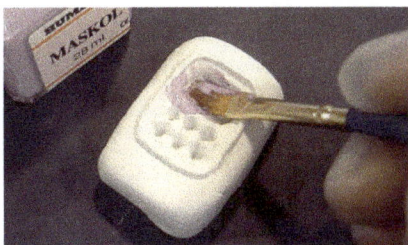

Etape 7

Lorsque la pièce est sèche rajouter du Milliput pour faire un couvercle. Donner une forme spécifique pour avoir une meilleure prise du moule. Un jour plus tard, quand ceci est durci, dessiner des flèches sur chaque moitié du moule et séparer les deux parties sans oublier d'enlever le Maskol.

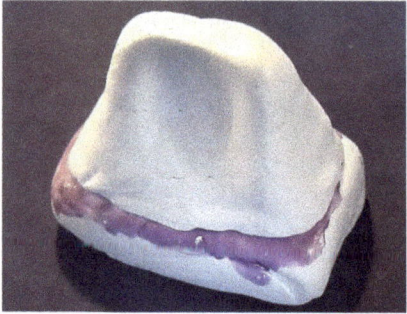

Etape 8

Faire un mix de gris clair en pâte polymère et les passer au rouleau pour obtenir de fines feuilles de pâte grise. Presser la feuille dans le moule et terminer par rassembler les deux parties ensemble délicatement mais fermement. Utiliser du talc comme agent séparateur.

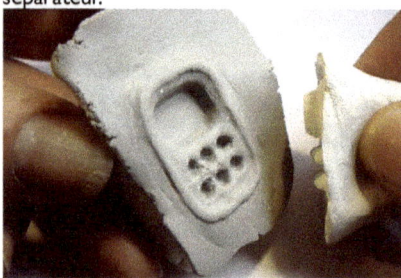

Etape 9

Lorsque vous réalisez des plateaux à oeufs vous retirez le moulage du moule à cette étape et placez le tout sur un carreau en céramique. Si vous réalisez des boites il est indispensable de les couper et de les cuire encore dans le moule.

Etape 10

Sortir l'ensemble délicatement du four, démouler lorsque c'est encore chaud. Plier délicatement en insérant un torchon entre les deux parties. Lorsque tout sera sec vous obtiendrez une boite au couvercle à moitié fermé. Les oeufs sont évidents à réaliser mais pour ajouter une petite note d'humour ajouter la moitié d'un oeuf comme sur la photo.

Etape 11

Pour réaliser un oeuf ouvert, imprimer dans une petite boule de pate à l'aide d'un outil a bouts ronds une cavité ronde. Entailler les bords à l'aide de fins petits ciseaux et y introduire un petit bout de pâte jaune pour faire le jaune de l'œuf et recuire. Lorsque vous monterez votre plateau, ajoutez un rien de « scenic water ». Actuellement j'utlise du Fimo liquide.

N'oubliez pas d'empiler plusieurs couches de plateaux Bien sûr vous ne devez pas avoir des œufs partout, donc vous mettez surtout des œufs sur les bords et sur tout le plateau du dessus.

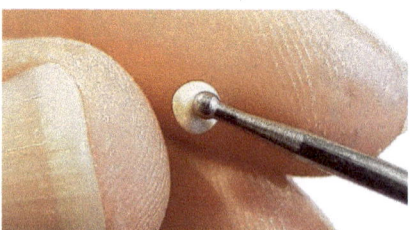

Pommes de Terre

Publié à l'origine dans DHMS Magazine nr 77 Novembre 2000

Une pomme de terre, deux pommes de terre, trois pommes de terre.

Remerciements aux lecteurs qui m'ont mis au défi de cuire quelques différentes versions de pommes de terre. Nikki Belgrove m'inspira cette nouvelle idée simple que je n'avais jamais réalisée auparavant. Ceci me permit d'innover et partager quelques idées de pommes de terre supplémentaires. Sarah, la sœur de Nikki, me demanda si je pouvais réaliser une paella.

avant cuisson sur une éponge imbibée de peinture acrylique brune. J'ai utilisé du Humbrol's mat terre foncé.

Mmm Sarah. Je pense que je vais faire quelques investigations sur place!

Le Mix de base pour les pommes de terre est approximativement 50% transparent. 25% blanc et 25% de fimo crème additionnée d'un petit rien d'ocre.

Etape 1
Pomme de terre sur cendres...

Commencer par rouler un petit rouleau ovale d'approximativement 1cm de long pour la réalisation d'une belle pdt cuite sur cendres. Rouler cette pdt

Etape 2

Avant cuisson de la pdt la fendre en forme de croix et à l'aide d'une lame, l'ouvrir délicatement. Ensuite précuire pour pouvoir donner au beurre l'aspect fondu sans écraser la pdt. Pour le beurre j'ai utilisé un mix de Fimo jaune, crème et transparent. Pour la salade de chou il faut rapper grossièrement de la Fimo Ce mix est constitué de transparent/mix blanc avec juste une touche d'orange pâle et d'un mix vert pâle.

Etape 3

Vous aurez besoin d'une râpe avec les trous les plus petits que vous pouvez trouver .La mienne vient de chez Ikea et n'est destinée qu'à un usage strictement réservé à mes modelages et certainement pas dans ma cuisine.

Le mois prochain je vous expliquerai d'autres usages inhabituels d'ustensiles ménagers ! Par ailleurs, les méthodes pour réaliser des œufs et des concombres ainsi que le bœuf présenté avec la purée de pdt ont été publiées dans «Projects magasine» (édition marlage)

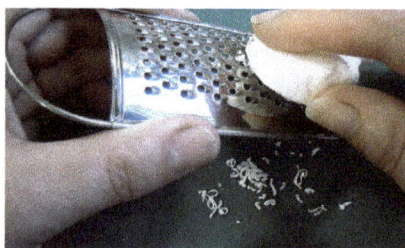

Etape 4

Deux pommes de terre...

Frites. Facile fastoche ! Utiliser simplement le même mix pdt, couper de fines tranches et empiler les unes sur les autres. Évitez d'écraser les rebords droits et ne pas vernir avant d'avoir terminé la présentation des frites assemblées.

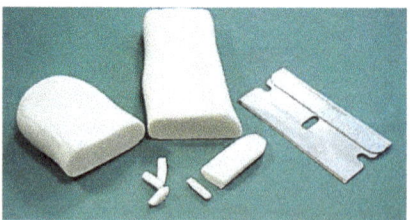

Etape 5

C'est la même méthode et texture de la pâte que celle utilisée pour la purée. Je déchire simplement la matière en la séparant et retouche judicieusement à l'aide d'un outil dentaire approprié. La même méthode est utilisée pour la purée de pois !

Etape 6

Faire une fine tranche avec la lame de rasoir.

Etape 7

Mr Geek (petit nom affectueux désignant mon mari , obsédé d'informatique) réalisa le journal en utilisant mon appareil photo digital pour photographier un vrai journal. Une véritable amélioration par rapport à mon procédé de réduction photocopie! Evidemment si vous possédez un scanner c'est toujours plus facile!

Etape 8
Trois pommes de terre ...

Purée. Au moins il ne faudra pas éplucher les pommes de terre ! Bien sûr vous pourriez... simplement réaliser les pdt comme pour les pommes de terre vapeur et déchirer en morceaux la pâte comme vous avez fait pour créer la texture de pâte à frire pour le poisson et simplement séparer en plusieurs morceaux.

Etape 9
Quatre...?

Il n'y a pas de photo mais essayez de réaliser des pommes de terre rissolés comme pour les frites mais en coupant de petites pommes de terre ovales en quartiers. Elles sont utilisées comme garniture d'un plat de dinde de Noël (voir le défi Ally Pally) ou plats de viande rôties.

Artichauts

Publié à l'origine dans DHMS Magazine nr 78 Décembre 2000

Ou l'usage particulier de certains ustensiles de cuisine!

Je me sens comme un athlète qui battrait son propre record! Et sincèrement j'ai du mal à admettre que tout ce que j'ai pu faire dans le passé me semble si compliqué et ridicule. En cherchant la meilleure façon de réaliser des artichauts pour Nikki Belgrove, je suis tombé par hasard sur la

passoires de tailles et de mailles différentes. Assez surprenant de constater que plus la passoire est bon marché plus grande est la taille de la maille! Ainsi tous les achats furent bons mais de trop bonne qualité.

Le lundi donc me voici repartie à la chasse aux passoires les moins chères dans le style trois pour trois fois rien comme pour les bouquins mais hélas pas d'application aux ustensiles ménagers.

Etape 1

Dans le panier ci-dessus vous avez l'occasion d'admirer le résultat de trois de mes trouvailles.

Etape 2

Le treillis le plus large servira pour les artichauts. Bien entendu prise au jeu j'ai intensément cherché d'autres applications pour mes trouvailles. C'est à ce moment-là que j'ai mis ma tête entre mes mains

solution vraiment raisonnable de faire des ananas. Serait- il possible de revenir en arrière et de recommencer, quand penses-tu Marion?

Quelle idée lumineuse de penser à utiliser une passoire pour texturer mes artichauts! Cette idée m'est venue comme à chaque fois un dimanche matin au lit! C'est le moment ideal où je laisse libre cours à mon imagination. Bien sûr cela a signifié que ce dimanche après-midi a été dispensé à traîner Mr. Geek dans tous les supermarchés du coin pour dénicher des et réalisé quelle imbécile j'avais été. Les ananas devenaient ultras simples à réaliser en utilisant une maille de taille moyenne. Et avec la plus petite taille de maille la réalisation de pommes de pin n'était plus qu'un jeu d'enfant.

Etape 3

Pour obtenir la texture souhaitée vous devrez appuyer et presser la pâte polymère assez fermement contre la maille, mais seulement par petite surfaces. Ensuite vous le décollez délicatement. Ceci vous demandera un peu d'entraînement.

Etape 4

Ensuite vous découpez une fine tranche en surface. Dans le cas de l'artichaut la tranche est repliée en formant un sommet qui enveloppe une tige cylindrique. Le sommet est légèrement plat.

Etape 5

Je les ai ensuite durci et tailler judicieusement pour que l'ensemble ressemble à un artichaut. Pour colorer les feuilles j'ai utilisé un morceau de pâte de couleur Bourgogne avec lequel j'ai frotté le haut des feuilles et j'ai ensuite recuit. Il serait possible de poudrer les feuilles avec une poudre de couleur bourgogne mais je n'ai pas trouvé la bonne nuance dans le commerce.

Etape 6

Ananas ... nouvelle version

Les feuilles de l'ananas ont été faites avec la même méthode dans les mêmes temps que ceux du défi ananas précédent (DHMS 74)

Etape 7

A nouveau la peau est enroulée autour d'un axe central.

Par ailleurs, lorsque l'article sur les ananas est paru dans le magazine, il me fut demandé comment je réaliserais la chair d'ananas. Je réalise simplement une

superposition de mix polymère transparent, mix jaune et du mix blanc. (La méthode de superposition est expliquée dans une de mes vidéos). Ensuite j'enveloppe la superposition striée

robot ménager (pour mélanger de grandes quantités de pâte) des couteaux dentelés, des emporte-pièces pour pâtisserie et la liste continue. En réalité peu d'ustensiles trouvent encore leur place dans ma cuisine. Mais cela n'a aucune importance car depuis que j'ai déménagé, construit des murs et entre autre écrit mon livre, réfléchi à tous mes défis, je n'ai plus le temps que pour des repas «à emporter»! En effet mon addiction pour la pâte polymère n'a d'égal que ma dépendance au chocolat! Quelqu'un d'autre a-t-il remarqué la texture d'écaille des poissons dans la boîte de sardines ?

Donc ne me maudissez point lorsque votre époux ou épouse trouve le presse-ail sous le lit! (ou cela n'arrive t-il que chez moi?)

autour d'un bâton central fait d'un mix plus orangé pour former une cane d'un centimètre de diamètre. Cette même cane est utilisée pour les tranches d'ananas.

Etape 8

Les petites pommes de pin sont faites de fines tranches de pâte structurées et roulées autour d'un cylindre central.

Autres exemples d'ustensiles de cuisine utilisés pour la miniature inclus la machine à pâte, une râpe (défi du mois dernier), un

Tapas

Publié à l'origine dans DHMS Magazine nr 79 Janvier 2001

Viva España!

C'est l'époque de l'année ou tout ce qui touche à Noël nous envahis, de chaque vitrine de magasin jusqu'aux programmes TV. Ainsi, si vous feuilletez votre magazine de miniatures favori et cherchez à déclencher votre créativité pourquoi pas, essayer de recréer des ambiances estivales et s'éloigner du blues hivernal. J'ai promis à Sarah Belgrove que je réaliserais une paella dès que j'aurais fait quelques recherches. Comme j'avais des projets concernant nos premières vraies vacances depuis trois ans, toute vieille excuse était bienvenue.

J'ai eu la chance de visiter le sud de l'Espagne par trois fois et considère pouvoir créer mon propre bar à tapas et simplement m'installer et rêver… Pour l'instant voici mes projets en ce qui concerne la réalisation des deux thèmes pour lesquels je suis mise au défi de réaliser et quelques autres idées concernant la cuisine authentique espagnole. La Paella n'est certes pas le plat le plus courant sur la carte de restaurant en Andalousie, et le sud de l'Espagne étant particulièrement carnivore mon époux étant végétarien, nous avons erés longuement avant de trouver une pizzeria, un certain manque de bon goût et de culture à mon humble avis.

Le sud de l'Espagne est principalement carnivore mais apprécie également tous les poissons et crustacés crevettes, calamars, poulpes, sont des denrées courantes. Une autre denrée est un fromage suintant et granuleux (souffrant à mon avis de la chaleur) et le "jamon", jambon à l'os extra sec (cru) ressemblant au jambon de Parme et servi découpé en très fines tranches, qui se retrouve dans n'importe quel bar ou restaurant et représente pour moi le «goût» de l'Andalousie.

Pour un authentique bar à tapas n'oubliez surtout pas les noyaux d'olives jonchant le sol entre les serviettes usagées!

Etape 1

Une couleur olive acceptable s'obtient avec un mix vert feuille et un peu d'or-

ange. Graduellement rajouter un peu plus d'orange pour finalement obtenir trois variantes de la couleur de bas. Le mélange de plusieurs nuances rend le résultat plus nettement plus réaliste. J'ai réalisé des olives étuvées accompagnées de piments rouges comme défi des plus coloré. Dans les bars vous trouverez plus aisément des olives avec leur tiges ou farcies d'ail ou d'herbes. Il est nettement plus facile de modeler de très petites olives.

Etape 2

Comme à mon habitude j'ai confectionné une cane avec du rouge en son milieu.

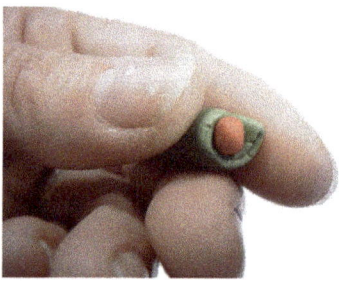

Etape 3

Ensuite arrondir le bout et couper. Pincer l'autre côté pour former une boule ovale en arrondissant l'extrémité. Vous pourriez choisir la facilité en peignant le noyau rouge ou juste appliquer du rouge sur le bout visible. Ne vous imaginez pas faire un trou au milieu et une croix sur le bout si vous adoptez la version espagnole ou vous ne trouverez plus dans les bars d'olives encore noyautées.

Etape 4

La poêle à paella est beaucoup plus facile à réaliser que vous ne pourriez penser. Comme elle est noire et que le contenu est coloré vous ne devez pas craindre les petites imperfections. Couper à l'aide d'un emporte-pièce rond un cercle un rien plus large qu'une pièce de 1 € bien que la dimension de la poêle peut varier trouvez donc une pièce de monnaie comme base!

Etape 5

Presser délicatement les rebords du cercle autour de la pièce et mettre à la cuisson la pièce en dessous sur une surface plane.

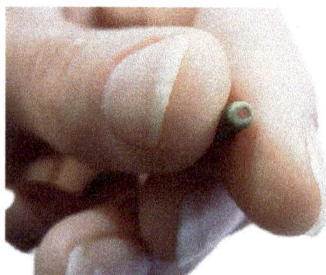

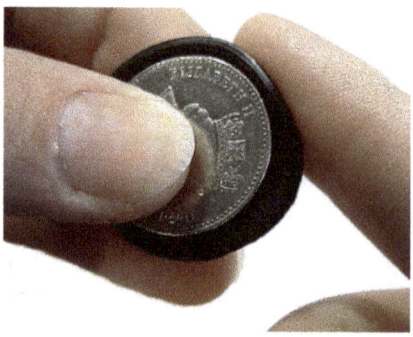

Etape 6

Ensuite je modèle deux fins cylindres pour faire les anses et les appliquer en pressant avec un outil adéquat sur les bords de la poêle. Celle-ci a d'abord été cuite et laissée à refroidir.

Etape 7

Le mélange pour le riz est jaune, blanc et mix transparent, déchirés comme lorsque nous avons réalisé la purée de pommes de terre dans le numéro 77.

Etape 8

Je suis restée fidèle au riz casserole réalise avec un peu de Mix Quick.

De minuscules pois verts et petits bâtonnets rouges pour les poivrons ornent ce plat. Ajouter ensuite les poissons.

Etape 9

Pour la garniture, j'ai réalisé des anneaux de calamars en Fimo Doll blanc ou (75% transparent 25% blanc). J'ai confectionné les anneaux au départ d'un rouleau formé autour d'une aiguille. Les crevettes sont issues de ma réserve *(elle sont expliquées dans ma vidéo YouTube lien angiescarr.co.uk)*

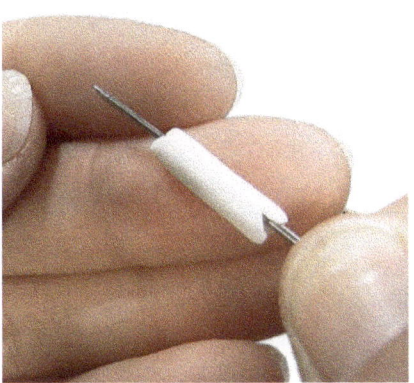

Etape 10

J'ai réalisé les coquillages des moules au départ d'une feuille d'un côté noire et de l'autre grise mix de noir/transparent/ mix blanc ou «porcelain Doll» de couleur.

 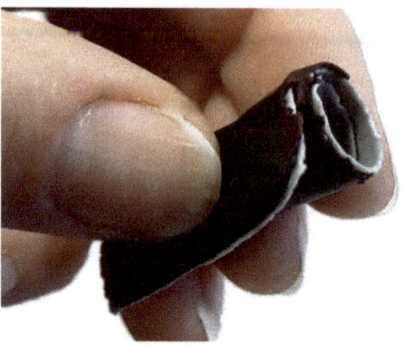

Etape 11

Rouler cette feuille sur elle- même et lui donner la forme d'une larme. Réaliser les moules dans un mix de crème, orange et ocre.

Etape 12

Après cuisson je rajoute une pointe de vernis doré sur les coins pour lui donner l'effet d'être cuit. Vernir les olives pour leur donner l'aspect huilé et rajouter quelques herbes dispersées.

Pour la présentation j'ai rajouté un panier de pain et quelques baguettes servies dans n'importe quel bar ou restaurant en Espagne. Je dois avouer que ces paniers retournaient intacts en cuisine, ma famille n'y touchant guère, bien que très appétissants.

Salon Alexandra Palace

Publié à l'origine dans DHMS Magazine nr 80 Février 2001

En Direct Au Ally Pally

Avant tout mes plus chaleureux remerciements à tous ceux qui sont venus me voir à mon stand de démonstration au

salon de l'Alexandra Palace et m'ont laissés tant de défis intéressants à réaliser que j'ai de quoi faire pour les prochains mois. Toutes mes excuses également pour mon manque d'entrain lors du dîner pendant lequel mes yeux avaient toutes les peines à rester ouverts! Quelle vie de chien la vie de miniaturiste à plein temps … ah, j'ai du vague à l'âme.

J'ai demandé quelques idées de challenge à la minute qui seraient réalisés chaque jour avant 2h ainsi que quelques petites questions et souhaits tout au long de la journée. Certaines idées furent difficiles à réaliser sans un four à disposition pour cuire les pièces en cour de finition et il m'a fallu quelques moments de réflexion pour trouver les bonnes solutions. Néanmoins nous étions d'humeur festive le salon ayant lieu le dernier w-e de novembre.

Etape 1

Je choisi le poulet rôti parmi les sujets proposés sur la liste du premier jour.

Etape 2

Ce défi fut présenté par mon jeune ami Sam Kerridge qui ne quitta pas l'avant de ma table jusqu'a ce que sa maman ne vienne l'en décoller quelques heures plus tard. Le Baby-sitting des enfants des autres exposants me devient familier. Je suppose que je dois considérer cela comme une aide car Sam, tout à fait à l'aise avec mes explications finit par les répéter

pour moi. J'aurais même pu finir par lui confier la garde de mon stand en fin de journée. Sam fut aussi mon photographe attitré en prenant en photo les tranches d'oranges et choux

Etape 3

Comme les principes pour la réalisation du poulet rôti sont expliqués dans mon livre "Making Miniature Food" je ne souhaite plus me répéter. Je vous rappelle-

Etape 5

Quelques semaines plus tôt j'ai pris par hasard dans ma trousse à outils un bec de glaçage sans me douter que je l'utiliserais pour ce projet! Il correspond parfaitement à la réalisation de feuilles de gui car le bout ressemble à une minuscule larme allongée parfaite pour mes feuilles j'ai utilisé un mix de vert feuille et d'ocre.

rai simplement que le poulet est plus petit et a un poitrail plus étroit que celui d'une dinde. Le cou est plus fin et il y a moins de place pour la farce. J'ai rajouté de la farce et des rouleaux de lard uniquement parce que j'aime cela! La poule photographiée réclame une petite couche de Humbrol Clear Colour pour lui donner l'aspect rôti d'une dinde. *[Humbrol Clear Colour n'est pas disponible pour l'instant donc utiliser de l'ocre et du brun clair ou du vernis auquel vous ajoutez du pigment brun.]*

Etape 6

J'ai réalisé les tiges en extrudant la pâte de ma seringue à pâte.

Etape 4

Gui. Le deuxième jour une très gentille dame appelle Pam de Brightlingsea me mis à l'épreuve avec ce nouveau défi qui captura toute mon attention. Je suis le genre de personne qui achète des outils avant de savoir ce que j'en ferai! Pour exemple, ces mauvais mélangeurs de peinture qui ressemblent plus à une grande cuillère d'un côté et à une rame à l'autre extrémité. Suivant les cas ils se révèleront utiles comme outils de modelage.

Etape 7

Les baies sont réalisées en Doll Fimo colorée mais en utilisant 75% de transparent et 25% de mix blanc.

J'ai triché un maximum en achetant des rubans de feuilles de houx a un stand voisin Merry Gourmet Miniatures et les baies sont des graines achetées sur un autre stand voisin quant au panier il est de C+D crafts. Ne pouvant utiliser ce que je

canes pour les choux, ainsi que les bananes et leur version pelée.

Le projet concernant les oranges est amplement expliqué sur mon site angiescarr.co.uk ainsi que plusieurs liens vers les vidéos You Tube sur la réalisation d'oranges, bananes et choux.

venais de réaliser, car la présentation était un peu négligée, j'ai promis à Pam de refaire le projet et de le lui faire parvenir plus tard.

Etape 8

Durant le week-end mes autres démonstrations concernaient les oranges, les

Sandwich

Publié à l'origine dans DHMS Magazine nr 81 Mars 2001

Sommes-nous tous devenus fous?

L'année dernière au salon de l'Alexandra Palace mon amie Gail (MGM) et moi avons plaisanté à propos de la santé mentale des personnes telles que nous, créateurs et collectionneurs d'objets minuscules extrêmement détaillés, pour

finalement conclure que c'était bien la folie la plus agréable que nous puissions connaître. Ce que je ne pourrais dire à propos de l'autre monde fou des musiciens dont je fais occasionnellement partie. Le samedi en fin de journée prête à aller me coucher je suis tombée par hasard sur les demandes de projets et je me suis mise à éplucher toutes les lettres reçues dans le but de décider de l'idée qui serait le thème de mon prochain défi et c'est ainsi que j'ai flashé sur un projet qui m'a tellement interpellé, que je me suis endormie les draps coincés entre les dents ! Je dois absolument partager cet instant avec vous:

Gloria m'écrivait:
«Cher Angie.
J'ai acquis un kit de maison de poupée et j'aimerais le transformer en étude de notaires très dynamique. Mon clerc de notaire est un Des Astor junior et porte bien son nom (pensez-y) Sur son bureau parmi tous les papiers j'aimerais déposer un œuf au bacon à l'aspect appétissant, seulement je ne sais pas comment m'y prendre.(bien que je n'ai pas manqué de faire des recherches sur le sujet!).

J'imagine deux grosses tranches de pain de mie blanc à la croûte bien dorée, coupées en diagonale. Une moitié est intacte et on voit les tranches de bacon qui débordent ainsi que de la sauce brune débordant sur les coins et au milieu. L'autre moitié de la tartine est entamée et le contenu d'un oeuf et la sauce débordent sur le papier d'emballage. Excusez-moi, je fais un saut dans la cuisine pour vérifier si ma description correspond à la réalité....!
Poussiez-vous m'aider ou dois-je appeler un médecin?»

Et bien Gloria, je pense que nous allons nous mettre d'accord!

Etape 1

J'ai commencé par préparer une cane de pain pour faire des tranches. J'utilise un mix de transparent et du Fimo blanc, (approximativement 3parts pour 1) avec une pointe d'ocre simplement pour diminuer l'effet trop blanc. Donner la forme d'une boite rectangulaire et ensuite l'envelopper dans une très fine plaque de brun.

Etape 2
Cette plaque doit être la plus fine possible.

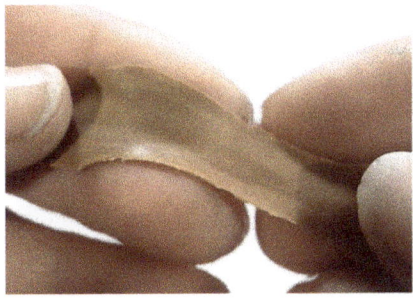

Etape 3
La croûte est réalisée par une très fine bande de mix foncé, d'ocre et brun avec un rien de mix original. Je laisse reposer cette cane au frais pour faciliter la coupe en tranches.

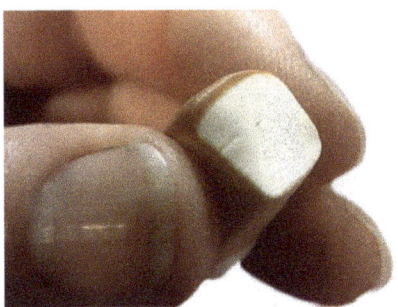

Etape 4
Le bacon est réalisé en prenant un morceau de mix rouge viande et mix d'ocre et de transparent et du mix blanc.

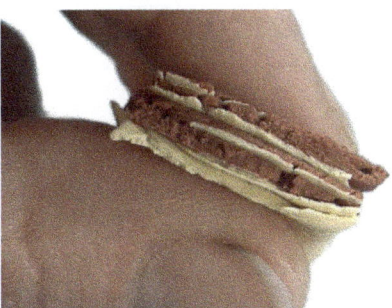

Etape 5
Ce mélange est étiré et mis au frais.

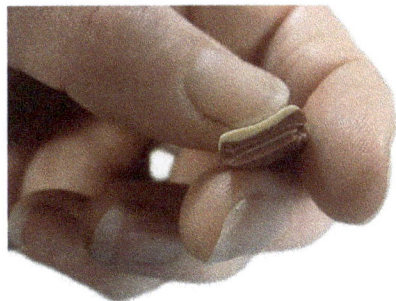

Etape 6
Bien que l'œuf ne soit pas visible cela ne choquera pas si on en fait une omelette. Avec une base très fine de blanc, une

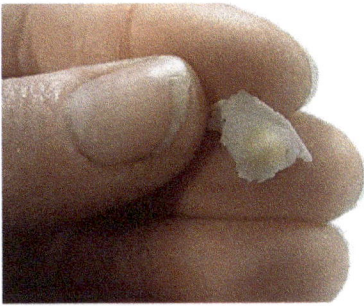

toute petite goutte de jaune doré mélangée avec un peu d'orange, et par-dessus du transparent.

Etape 7

Ensuite trancher le pain et le bacon et préparer le sandwich!

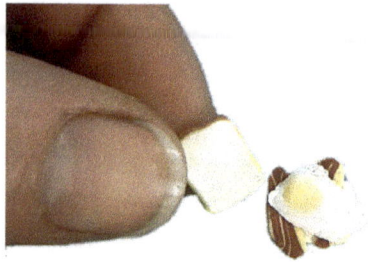

une des deux parties, l'œuf brouillé et la sauce brune et l'utilisation d'un embout de glaçage pour découper les bouchées.

Etape 8

Ne pas oublier de rajouter un peu de mix jaune ainsi qu'un peu de peinture brune ou un mix de Fimo brune (plus du Mix Quick) pour achever la mise en scène. Entre-temps la Fimo liquide est apparue et actuellement je l'utilisere mixée à un petit peu peinture à l'huile brune.

Etape 9

J'ai ensuite rajouté les détails que seule une "originale" inventerait. La coupe diagonale des tartines, les bouchées dans

Etape 10

Pour représenter le papier gras d'emballage j'ai préféré utiliser un mouchoir en papier plutôt qu'une fine plaque de Fimo blanc pour ne pas gâcher l'effet d'ensemble.

Le chou rouge

Publié à l'origine dans DHMS Magazine nr 82 Avril 20011

Je peux l'avoir déroutée!

Lorsqu'une de mes clientes, me téléphone pour me demander comment elle pourrait réaliser un chou rouge, j'ai voulu répondre promptement en improvisant une réponse sur le moment! En raccrochant le téléphone, j'ai été prise de remords et j'ai

décidé de relever ce défi dans l'immédiat! Lorsque j'ai vu à la télévision ce type qui réalisait des miniatures à des échelles microscopiques qui entre autre un bateau galion à voiles sur une tête d'allumettes, je fus très impressionnée. En comparaison mon travail semble bien simple d'autant plus qu'il parlait de son travail avec une telle facilité! Lorsqu'il quitta le studio il murmura à l'oreille du présentateur «et vous n'avez pas encore vu le meilleur de mon travail».

Je me pose la question de savoir quel sera son prochain défi. Peut-être une maison de poupée complètement garnie sur une tête d'épingle. Ce genre de miniaturisation équivaut à monter une montagne simplement parce qu'elle est là!

Bien qu'il soit entièrement possible de miniaturiser des articles en réalisant des canes pour miniaturiser au maximum à des échelles infimes, même le 1/12e exige de respecter certains compromis. Ceci est en partie parce que vous ne pouvez pas techniquement obtenir des articles comme des feuilles assez fines pour respecter l'échelle 1/12e. Et même si vous le pourriez, vous ne pourriez pas voir le résultat à l'œil nu.

Dans ce cas, la taille des particules qui constituent votre pâte polymère pose également en finale un problème. L'idée est de reproduire l'essence de ce que vous reproduisez. C'est comme être peintre il faut choisir si vous serez impressionniste, surréaliste ou dessinateur de dessins animés (comme mes crabes et homards qui ressemblent à ceux des bandes dessinées! Lorsque je fais un chou rouge ordinaire, je réalise une cane comportant des veines incorporées aux feuilles dans une couleur plus claire ce qui donne un effet impressionniste. C'est ce que l'on appelle un compromis pour l'interprétation visuelle.

Pour ces choux rouges j'ai utilisé une méthode complètement différente pour rendre un résultat encore plus réaliste. Je joue sur le fait que les contrastes dans le chou rouge sont plus importants que pour le chou vert. Je dois tenir compte que la finesse des particules ne gâche pas la couleur dans l'ensemble et enlaidir le résultat final. Dans le cas des calamars la finesse des particules est tournée à notre avantage donnant au calamar un teint moucheté proche de la réalité. Dans le cas présent c'est quelque chose que nous préférons éviter.

Le seul compromis que nous ne pouvons tolérer sont les mélanges de couleurs. Il est indispensable d'obtenir un mauve foncé pour ce projet précis. Je conseille vivement d'acheter un vrai chou rouge pour obtenir la ressemblance la plus parfaite.

Etape 1

Dérouler le pourpre aussi finement possible. Ajoutez-le aux deux côtés d'une couche plus épaisse de mélange translucide et blanc et le rouler de nouveau jusqu'à ce que vous obteniez de vraiment bonnes feuilles. Vous aurez besoin de deux 'catégories' une très fine et un autre encore plus fine.

Quelques astuces pour dérouler de fines tranches est l'usage d'une bouteille en verre comme rouleau et comme base un carreau céramique. Vos mains ainsi que la pâte polymère doivent être tiède et scrupuleusement propres. Par contre vos outils doivent toujours être frais et secs.

Pour éviter que la pâte ne reste collée il est indispensable de la dérouler une fois dans chaque direction comme on fait pour la pâtisserie. Dès que la pâte reste coller il est préférable de tout nettoyer et recommencer !

Bien entendu la meilleure solution mais aussi la plus coûteuse pour ce type de travail est de faire l'acquisition d'une machine à pâtes. La propreté est également de rigueur car on utilise différents coloris!
[Ce projet dut écrit à l'origine à l'époque ou plusieurs miniaturistes utilisaient ma méthode et espéraient acheter un jour une machine à pâtes]

Etape 2

Réaliser un cône de pâte blanche.

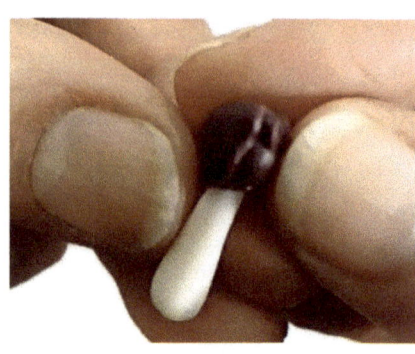

Etape 3

Découper une paire de cercles dans la pâte la plus fine. Pour cela j'ai utilisé un embout de glaçage légèrement émoussé qui pince les deux couches de pourpre à la coupe.

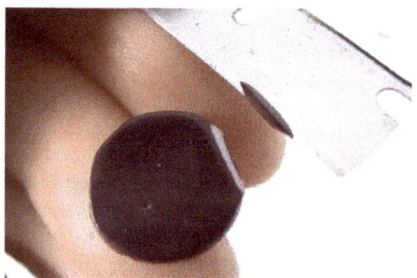

Etape 4

Etirer les cercles au maximum afin qu'ils soient aussi fins que possible.

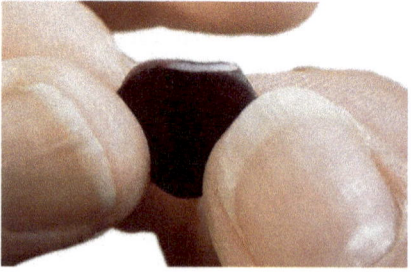

Etape 5

Vous les ajoutez alors à la fin du cône pour former une sorte de boule chiffonnée.

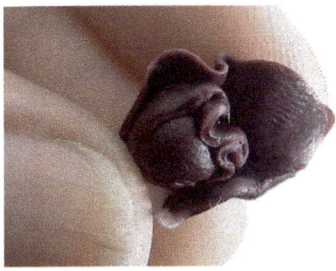

Etape 6

Former alors deux ou trois feuilles dans la superposition parme blanc parme. Couper le bord en angle et réduire pour laisser apparaître un peu de blanc , le morceau blanc devrait juxtaposer le côté du cône contre la feuille supérieure , ainsi le blanc de la feuille rejoint le blanc du cône. Ajoutez un autre couple des feuilles et commencez ensuite à accroître les feuilles extérieures en utilisant une feuille plus épaisse et faisant plusieurs feuilles que vous pressez sur une feuille veinée (il y a plusieurs façons disponibles sur mon site Web angiescarr.co.uk)

Etape 7

Je vous rassure , le chou rouge ne fut pas un produit exotique importé par un intrépide aventurier. J'ai trouvé sur le net que L'origine de la présence de ce légume dans nos contrées remonterait au temps des Vikings! Donc il a parfaitement sa place dans nos maisons de poupées quoi qu'il en soit!

[J'ai actualisé avec pratique ma méthode en la remplaçant par une méthode de cannage pour une production beaucoup plus aisée dans le cas d'une fabrication en série. Ce projet se retrouve dans mon livre Miniature Food Masterclass.]

Bonbons

Publié à l'origine dans DHMS Magazine nr 83 mai 2001

Les petites douceurs

Comme pour le challenge du mois dernier de Gloria j'ai jugé utile de faire quelques investigations pour le défi de ce mois de Perry Lambert. J'ai une grande passion pour les sucreries et suis particulièrement accro au chocolat , pour citer mon amie

Dina, vous pourriez me représenter juste en utilisant des cercles! Car ceux d'entre vous qui partagent ma passion pour tout ce qui est douceurs peuvent mesurer l'effet que cela implique sur ma taille (sans préciser mon popotin de miniaturiste sédentaire!) voici donc un défi très peu calorique et impliquant étonnamment peu de frustrations. Pourtant je vous conseille vivement de sortir acheter de vrais bonbons pour atteindre la perfection du naturel. C'est donc un mauvais petit génie qui m'entraine vers la boutique de "Réglisses" parvenant à me convaincre que seule une inspection rapprochée me permettra d'obtenir les bons coloris. Ce ne fut pas une promenade suffisante pour éliminer les 750 calories!

Avez-vous remarqué que la sélection a changé au fil des ans ? Je ne me rappelle pas ces petites friandises faites de gelée disponible aussi bien en rose qu'en bleu. La simple réglisse a été troquée pour un extrait de rose et la réglisse battenberg n'est apparue que récemment. Ainsi la bonne vieille "Bertie Basset" elle-même a fait une apparition dans chaque sachet de bonbons sous la forme d'un bébé en gelée. Ne faites pas l'erreur d'introduire un sachet de réglisse dans une maison du début de l'époque Victorienne ou d'une boutique de la même époque car l'inspection poussée d'un sachet vide m'a révélé qu'ils n'ont été inventés qu'après 1899. Et soyez attentif pour ces faits si vous êtes «puriste».

Je n'ai pas trouvé les bocaux de verre dans lesquels les bonbons étaient en général présentés bien que je dois en posséder…..quelque-part!

Etape 1

J'ai décidé de faire des sachets de friandises. Nous pourrions les faire en papier mâché , mais j'ai pensé que l'argile

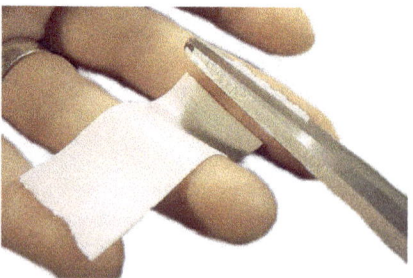

polymérique valait la peine d'être essayée.. Ma machine à pâtes me permit de faire des tranches ultra fines encore étirables par la suite. Ceci demande vraiment de la pratique, et attendez-vous à ce que quelques feuilles soient déchirées si vous êtes encore novice. Pour étirer la pâte aussi fine que possible il faut la réduire autant qu'il est possible. Lissez alors légèrement des deux côtés avec votre pouce sur un côté et un index de l'autre côté d'une feuille assez fine. Ceci donne un aspect très lisse à la texture pâte..

Etape 2

Comme vous pouvez le voir sur les illustrations, j'ai utilisé un petit film alimentaire enveloppé autour d'un stylo pour m'aider à former le sachet. La couture devrait être au centre du sachet et pas sur les bords. Je me suis trompée à la première tentative … comme à mon habitude !

Etape 3

Le fond du sachet est pincé ensemble et l'ensemble est mis en forme lors de la cuisson.

Etape 4

Le stylo doit être alors retiré très doucement en tirant sur le film alimentaire. Vous pouvez alors arranger le rebord de votre sac comme si il était ouvert, fermé, retroussé etc.

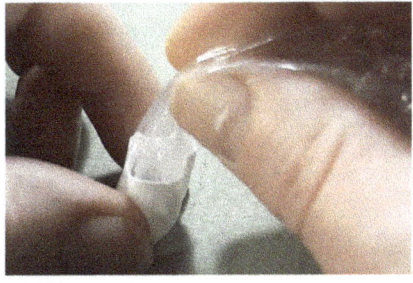

Etape 5

Les bonbons sont résolument simple à réaliser. Les «bêtises» produit par d'anciennes maisons sont tout simplement un fin rouleau de blanc avec quelques stries de noir sur les côtés.

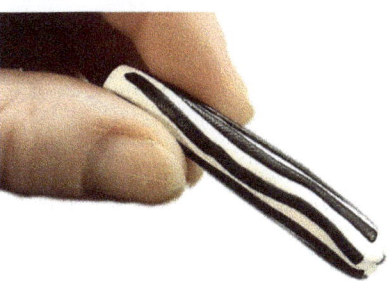

Etape 6

L'astuce est d'étirer pour obtenir un rouleau très fin , couper et donner un quart

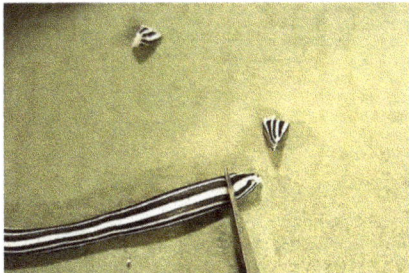

de tour pour avoir l'effet «tetra pack»et couper l'autre extrémité

Etape 7

Il y a trois méthodes utilisées pour la réalisation des réglisses. L'une est par la confection de canes en enroulant deux couleurs l'une autour de l'autre et ensuite étirer. Il ne reste plus qu'à les couper en petites rondelles. Les carrés sont fait d'une superposition style sandwich de coloris noir sur un autre coloris, en terminant par deux tranches extérieures blanches.

Rappelez-vous de toujours découper vers le bas et loin de vous. Si la pâte polymère commence à refroidir et durcir, arrêtez de couper et les remettre au four pour la réchauffer. La coupe de la pâte froide et dure peut être très dangereuse. Ceci est particulièrement à éviter pour les enfants.

Ah oui, j'oublie presque les boules bleues! Elles sont faites de petites boules de pâte bleue passée sur un papier de verre et mises en forme lors de la cuisson.

Etape 8

Vous serez surprise à quel point il faut étirer le rouleau ou cane pour obtenir une échelle correcte . Vous constaterez en regardant les illustrations avec la pièce de monnaie que l'échelle est plus proche du 1/10e que du 1/12e.

Les carrés de réglisse sont aplanis sur le mode le plus fin de votre machine à pâte et j'aplanis encore manuellement la superposition des différentes couches. Ils n'ont pas encore la bonne dimension mais l'effet global est bon. Vous coupez les canes et disposer les bonbons comme vous avez fait pour les «bêtises» bien que je coupe les bonbons dans la pâte encore chaude.

Si vous coupez vos rouleaux ou tranches tandis qu'ils sont toujours chauds frais sortis du four veillez à prendre grand soin de ne pas vous brûler. J'utilise une pièce de flanelle pour maintenir les canes chaudes

Etape 9

Il y a plusieurs emporte-pièces minuscules disponibles que vous pouvez utiliser pour faire des chocolats. J'ai abandonné ceux du projet depuis que j'ai égaré mon emporte-pièce minuscule favori qui est en forme de larme. Ma couleur de chocolat est un mélange de «terre cuite» maintenant appelé «chocolat» et de la Fimo verte. *[Une table des possibilités de mélange de couleurs pour le chocolat dans plusieurs marques de pâte polymère est disponible dans Miniature Food Masterclass.]*

Langue de Boeuf

Publié à l'origine dans DHMS Magazine nr 84 Juin 2001
NB: le compte rendu de ce défi a été partiellement remanié pour mieux correspondre au format e-book.

Ceci est très difficile à faire et n'est vraiment destiné qu'aux plus patients!

Pour ceux qui ont trouvés mon défi du mois dernier trop facile je dis «à vos marques!» Cette fois ci les matières premières pendant mon enquête pour réaliser ce projet furent difficiles à trouver, les parait les langues à la maison. Je me rappelle cette horrible odeur dégagée par leur cuisson pendant des heures et des heures. Pour être honnête j'apprécie le produit final mais ne me demandez certainement pas de préparer ce plat de "langue aux oignons".

Etape 1

La Langue est une cane plutôt complexe. Elle est essentiellement composée de couches de tranches de différentes couleurs empilées. Les couleurs utilisées seront translucide (pour la elée), un mélange pour la viande de base faite de «terre cuite»

abats semblent ne plus avoir les faveurs du boucher local et du supermarché. Même Sainsbury semble avoir cessé de vendre la langue de boeuf.

Maintenant je me pose la question de savoir si elle se trouve sur la liste des interdits (suite à la vache folle).Raison de plus de l'introduire dans nos maisons de poupée à titre de souvenir. Mon père (gastronome pour tout ce qui puait et dégoulinait)) pré-

(maintenant appelé le «chocolat»), de la pâte «rouge et translucide» et «translucide et mix blanc» (mélangé) avec très peu de couleur «viande» juste pour enlever la luminosité du blanc.

Etape 2

Pensez que chaque partie de l'ensemble comme à un élément séparé. Une langue a plusieurs zones de muscles et ceux-ci apparaissent comme des rayures de couleur «viande» parsemée d'une sorte de substance grasse crémeuse. Vous devrez constamment veiller à la direction pour que le résultat final de la cane soit aussi réaliste que possible.

C'est à dire que le grain comme celui du bois sera différent suivant la direction de coupe de la cane. Si vous souhaitez voir une direction précise lors de la découpe de la

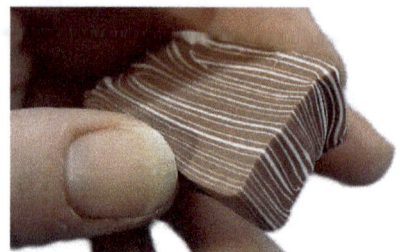

Etape 4

On commence par la gelée.

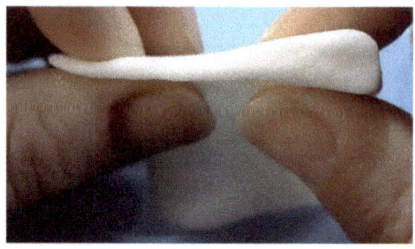

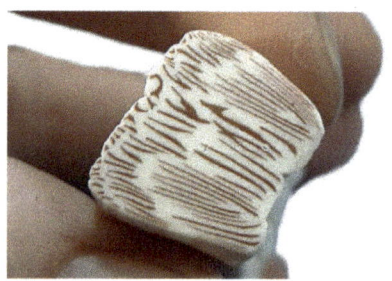

cane vous devez la disposer sous forme de bande. Une ligne fine deviendra une bande courte à la réduction. Non, là je vous embrouille! Il est vraiment indispensable que vous vous référiez au produit d'origine pour mieux comprendre les étapes de construction de la cane.

Etape 5

Ensuite une fine tranche de couleur crème (pour la peau de la langue)

Etape 3

Chaque section est composée de tranches empilées ou cane. La spécificité de ces canes sont le feuilletage (comme pour le projet de bacon dans mon livre «Making Miniature Food and Market Stalls»

Etape 6

Utiliser les différentes canes préparées pour le montage des différents dessins dans la viande.

Etape 8

Je ne dirai pas que je suis enchantée du résultat final mais les couleurs par contre sont très réalistes! Pour la prochaine tentative j'y mettrai encore plus d'attention.

Etape 7

Le résultat final est roulé et allongé par étirement.

C'est un travail périlleux et difficile pour se remémorer toutes les différentes étapes et directions des différentes canes obtenir le dessin final approprié.

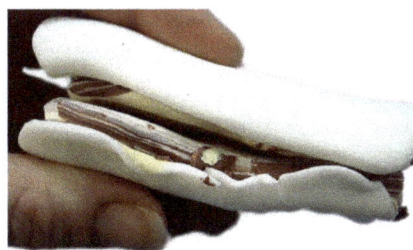

En effet cette série est intitulée «defi d'Angie» et non «demandez à Angie de réalisée un défi super facile en un rien de temps». Je vous invite à surfer sur mon site web angiescarr.co.uk pour tous les trucs et astuces ainsi pour que les mises à jour.

Poivrons et Pizzas

Publié à l'origine dans DHMS Magazine nr 86 Aout 2001

Quand on veut on peut!.

Nous avons affaire à un défi très intéressant demandé par Bette Accola qui m'envoie régulièrement des messages depuis les états- unis. Bette m'écrit:-

'J'aime les défis lancés dans les articles d'Angie parus dans le «Magazine de Scène Miniature et maisons de poupées» (DHMS). J'ai certains défis à vous soumettre : d'abord que diriez-vous d'un poivron vert tranché ou d'un poivron vert sous forme de cane qui pourrait

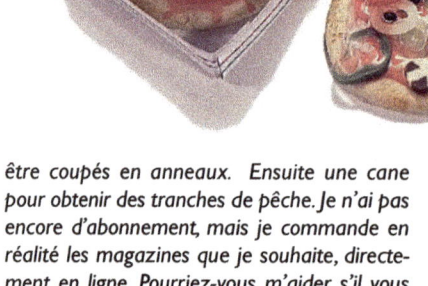

être coupés en anneaux. Ensuite une cane pour obtenir des tranches de pêche. Je n'ai pas encore d'abonnement, mais je commande en réalité les magazines que je souhaite, directement en ligne. Pourriez-vous m'aider s'il vous plaît. J'aimerais avoir ces tranches pour les ajouter entre autres aux salades.'

Ceci est le genre de défi que j'adore. Un de ces défis qui semble insurmontable. Mais comme dit le proverbe quand on veut on peut. Ma première idée fut d'utiliser des pinces l'une plus petite que l'autre mais je n'ai rien trouvé qui puisse faire l'affaire. Comme ils sont en forme de fleur j'avais plutôt besoin de quelque chose avec des courbes moins accentuées pour l'extérieur et plus souples pour l'intérieur et d'un ton légèrement différent. Ensuite j'ai eu l'idée de faire des poivrons sous forme de cane mais avec un centre translucide. Cette idée ne fut pas satisfaisante le translucide étant plutôt transparent.

J'ai finalement ôté pour l'idée d'utiliser un objet central qui pourrait être retires après cuisson pour former une cane au centre creux. J'ai tenté quelques solutions comme inclure un tube métallique ou des formes préformées de Milliput, mais rien ne donnait le résultat escompté ni ne ressemblait à l'effet recherché.

(Mais si vous souhaitez prendre un raccourci, je vends des tranches de pizzas ainsi que de poivrons sur mon site web angiescarr.co.uk)

Etape 1

Comme à l'habitude je vaquais tranquillement à la maison faisant quelque chose d'entièrement différent sans importance comme construire une arrière porte, quand la lumière fût! Des aiguilles à tricoter! Il m'a fallu quelques tentatives, utilisant des tailles différentes et des numéros d'aiguilles d'épaisseurs différentes. Voici comment obtenir le résultat que je pense être le plus proche de la réalité. Il suffisait de réunir quatre aiguilles à tricoter en métal (pas en plastique) dans le haut et le bas à l'aide d'un

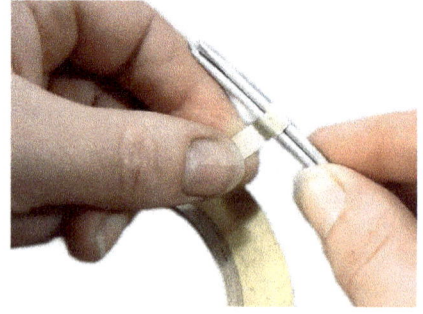

ruban adhésif.

Celles sans embout et de préférence de 20 cm de long sont les plus appropriées si vous en utilisez quatre. Idéalement vos aiguilles devraient être neuves et intactes. Il est impératif d'utiliser du papier adhésif masquant pour la cuisson car tout autre papier collant ne résisterait pas. Dans ce cas n'oubliez pas de le retirer avant de mettre au four.

Etape 2

Faire un mix de la couleur que vous allez utiliser, par exemple du "rouge" pour les poivrons rouge. Vous pourriez avoir besoin de vert, jaune, ou orange pour les poivrons. Ensuite partager ce mélange en deux parties. A l'une des parties rajouter une quantité égale de fimo soft de couleur translucide jaune ou un peu de jaune et de translucide. Lisser la couleur légèrement plus légère dans les interstices entre les aiguilles en appuyant assez également mais fermement sans que les aiguilles ne bougent.

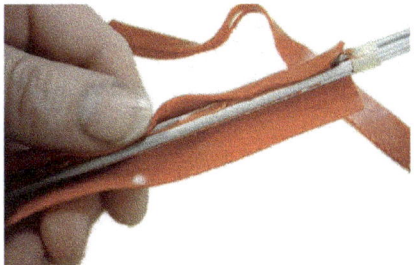

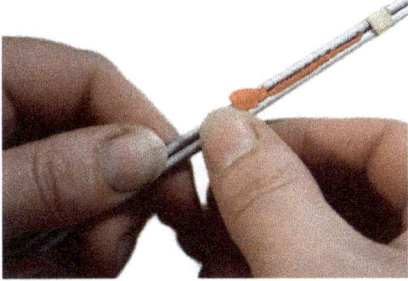

Etape 3

Rouler ensuite une très fine tranche de couleur foncée et enrouler celle ci autour d'une moitié d'aiguille. Tailler et pincer les bords ensemble puis lisser cela doucement pour faire une couture invisible et donner à l'ensemble de l'éclat. *[J'ai mis à jour cette méthode et je mets maintenant une couche de couleur plus légère sur la bande principale ainsi qu'entre les aiguilles.]*

Etape 4

Faire la même chose avec l'autre moitié d'aiguille et laisser un léger écart au milieu. L'expérience m'a enseigné que si vous faites une seule bande sur la longueur entière des aiguilles il est très difficile de les enlever plus tard!

Etape 5

Lorsque la cane est cuite et refroidie, pousser les deux moitiés avec précision et fermeté. La bande se détachera relativement facilement grâce à la couche de protection sur les aiguilles.

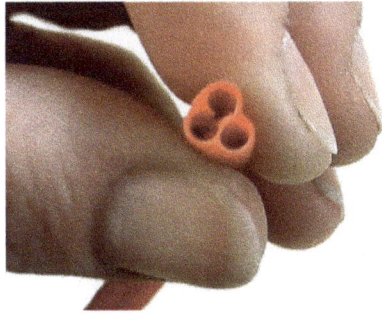

Etape 6

Utiliser une lame de rasoir ayant un seul côté tranchant et couper de fines lamelles de poivrons au départ de la cane. Vous trouverez ce genre de lame chez votre droguiste mais si aviez quelques difficultés à en trouver prenez contact avec moi car j'ai trouvé une solution alternative pour me procurer ce petit outil indispensable et très efficace.

Si votre cane s'effrite facilement remettez-la au four et recuisez-la à une température légèrement plus élevée en tenant compte des instructions sur l'emballage de la pâte polymère

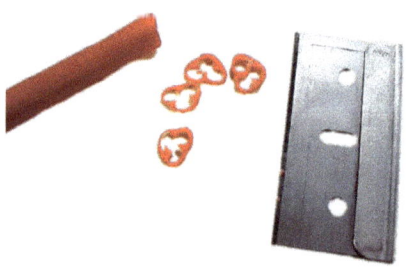

Etape 7

Pour faire une pizza vous devrez mélanger un mix crème qui s'utilisera pour la base ainsi que pour le fromage. Essayez de faire moitié/moitié de blanc et translucide avec juste un rien d'ocre. Le mélange pour les tomates est constitué de rouge et jaune translucide. *[Ceci est également un projet où l'invention de la pâte polymère Liquide nous permet de donner un effet encore plus réaliste et plus particulièrement pour les garnitures]*

Etape 8

D'autres ingrédients décoratifs pour la pizza sont les piments, oignons, champignons et tomates, tous disponibles sous forme de cane. Mon seul péché est de tricher sur les olives qui sont en réalité des minis perles noires. Souvenez-vous, pour l'échelle un douzième, qu'une pizza de douze pouces aura un pouce de diamètre. Pour une pizza familiale ce sera juste un peu trop grand..... Hum!

Etape 9

A titre d'information le couteau à pizza est fait d'un cure-dent dont l'extrémité est fendue. On y insère une paillette ronde, de couleur argentée pour former le couteau.

Pour obtenir des tranches de pêche je te suggère Bette de faire une bande épaisse de la bonne couleur (n'oublies pas de mélanger avec du translucide) et l'enrouler autour d'une aiguille à tricoter. Contrôler l'épaisseur des deux côtés de l'aiguille avant de mettre au four. Retirer délicatement la cane pêche de votre aiguille et réchauffer la cane à nouveau ensuite séparer doucement les deux parties. Ensuite couper des tranches de pêche dans chaque partie. Pour rendre l'effet plus réaliste couper en diagonale et pousser la deuxième moitié sur le côté.

Tomates

Publié à l'origine dans DHMS Magazine nr 87 Septembre 2001

**Tel au "Seaside Rock"!
Expression typiquement anglaise qui n'est pas vraiment traduisible** *(voir p. 30)*

Merci Jean Brattan, pour ce défi qui démontre parfaitement comment utiliser les canes de pâte polymère pour obtenir un résultat aux détails incroyablement réalistes dans une échelle infiniment petite. Lorsque récemment je donnais un cours à Stockholm cette expression a laissé ma classe plutôt déconcertée! Ce n'était pas la langue qui était le problème car la plupart parlent mieux l'anglais que n'importe quel anglais mais simplement ils ne connaissaient pas cette expression typiquement britannique. Et bien sûr le mot "Millefiore" ne signifiait guère plus …

Pour ceux d'entre-vous qui ne sont pas familiarisé avec ma méthode de travail préférée, la technique utilisée pour les tomates et bien d'autres sujets porte le nom de «cannage de pâte polymère» utilisée par les plus fanatiques pour faire des bijoux.

Il suffit de réaliser un cylindre épais et court dans lequel sont répartis les couleurs qui doivent apparaitre dans la cane finale qui sera ensuite allongée, pressée jusqu'à l'obtention d'une cane à la bonne dimension. Cela signifie que les personnes dont les yeux ne sont pas aussi exercés que les miens obtiendront néanmoins un très bon résultat.

Lorsqu'il faut réaliser un travail aussi minuscule que celui-ci, il est important de mélanger les couleurs avec la plus grande précision. Vous constaterez qu'il y a deux versions pour le même projet dont les couleurs diffèrent légèrement. Bien que je sois très satisfaite de la deuxième version la couleur n'est pas vraiment celle que je souhaitais et ceci parce que j'ai utilisé de la pâte plus ancienne croyant que le résultat serait plus transparent. La transparence est le facteur primordial pour la réussite de cette cane complexe. Si vous respectez les étapes soigneusement et mélangez les couleurs en respectant celles du modèle vous obtiendrez un résultat réaliste pour autant que vous utiliserez assez de transparent. Il est évident que la transparence est plus prononcée après cuisson. Un autre détail important est d'accentuer la couleur des graines car la subtilité dans les coloris ne fonctionne pas à cette échelle!

Etape 1
La vraie ...

Etape 2
Et la cane. - Pour moi les deux sont approximativement de même taille avant d'être pressée et étirée jusqu'à l'échelle 1/12e

Etape 3
Je commence par les grains en disposant une tranche en forme de larme avec du jaune et un rien de vert sur l'un des côtés.

Etape 4
Ensuite je l'emballe dans une tranche de transparent avec un rien de couleur tomate.

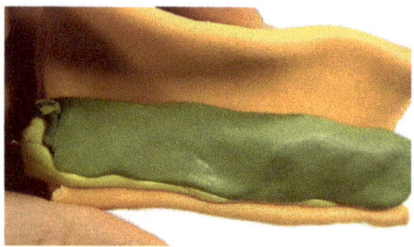

Etape 5
Je refais la même chose trois fois et sépare chacune des parties par une couleur plus prononcée et dense.

Etape 6
Chaque partie est juxtaposée à une autre, autour d'un centre et est ensuite emballée dans la seconde couleur.

Etape 7
L''ensemble est enroulé dans une couche de mix de couleur rouge intense.

«Seaside Rock»
Une bonbon de l'Angleterre, faite comme une cane.

Je précise qu'il n'y a pas de translucide ajouté à cette couche extérieure mais qu'elle est très très fine.

Etape 8

Il est très important d'imiter un maximum l' aspect naturel de la tomate ainsi lorsque vous réduisez la cane jusqu'à l'échelle 1/12e le résultat final soit identique à la réalité.

Vous trouverez plus d'informations sur la technique de cannage des tomates dans mon livre "Miniature Food Master class" disponible sur mon site angiescarr.co.uk ainsi que de nombreux liens vers les vidéos YouTube concernant le cannage sous toutes ses formes.

Moulage de Poissons

Publié à l'origine dans DHMS Magazine Nr 88 Octobre 20

Comme des sardines compressées dans leur cageot.

Ce défi proposé par Sheila Rochambeau, réalisatrice de magnifiques jeux de Backgammon, usant de pièces miniatures comme pions. Sheila déplore la fermeture du "The Singing Tree" (comme plusieurs d'entre nous) et souhaitait quelques sardines bien serrées dans un petit caisson. Je l'informai qu'en dépit de mon manque de temps j'allais relever ce défi, et en voici le résultat!

Le mois commençait mal. Depuis ma folle tentative à couvrir la surface entière de la planète avec des tranches de citron miniatures, en commençant par le plancher à l'étage, la salle de séjour en poursuivant par la chambre à coucher (mon lit compris) et même jusque devant la porte de rue, on peut dire que je préfère vraiment produire des canes. Car pour les débutants dans cette technique la fabrication de canes en miniature n'est pas une simple forme de perversion miniature comme suggéré par l'un de mes clients, mais une manière d'obtenir un grand nombre de modèle.

Mais si vous souhaitez en savoir plus il vous faudra attendre le mois prochain car je me consacre pour le moment aux moulages.

J'ai découvert cette matière il y a peu de temps à l'occasion du projet consistant à fabriquer de la gelée. Les moules en deux parties de pâte silicone peuvent s'obtenir dans différents commerce spécialisés en arts créatifs de ma région. Ma première expérience fut réalisée avec de la pâte Gédeo. Mais depuis que ce commerce a fermé ses portes à Hull je n'en ai plus trouvé dans les environs. J'ai ensuite recherché une pâte semblable grâce aux informations d'une gentille dame nommée Susie de QH designs (fourniture pour pâtissier).

J'utilise à présent du Minitmold, une autre pâte silicone, pour la plupart de mes moulages disponibles sur mon site angiescarr.co.uk, celui-ci sèche en 10 minutes et ne nécessite aucun agent de démoulage si ce n'est un rien de talc entre les deux parties du moule.

Le silicone de moulage est le même utilisée par les dentistes pour leurs empreintes dentaires. Ceci implique que cette matière est capable de relever le moindre détail et reste flexible, ce qui facilite la prise d'empreinte pour des objets à contreforts. Ce qui est aussi très intéressant c'est qu'il vous est possible de réaliser un original de votre pièce et la reproduire plusieurs fois. Ce produit est constitué de deux parties qui se mixent à parties égales et se pressent contre le modèle.

Etape 1

Pour la caisse de sardines de Sheila, je n'ai fait qu'un poisson dont j'ai pris l'empreinte. Le poisson original est fait à partir d'une combinaison de formes géométriques simples. Bien que vous n'ayez pas à faire la tête à partir d'une forme de diamant isolé, je trouve que cela aide à obtenir la bonne forme. J'ai fait celui-ci en rouge avec des parties en noir juste pour que vous puissiez voir comment je les ai mises ensemble. Par ailleurs la texture était une impression d'un manche d'un de mes outils.

Etape 2

J'ai réalisé un bon nombre de petits poissons avec le moule d'origine et je les ai empilés les uns sur les autres. Pour accélérer le procédé j'ai fait un moulage du résultat.

Etape 3

J'avais seize cageots à remplir plus quelques autres pour les clients du web et cela m'a pris quelques temps. Un mix de pâte polymère foncée donne le meilleur résultat. On presse ce mix dans le moulage. J'ai utilisé la poudre argentée comme agent détacheur dans le moule. Les autres ombres seront utilisées sur le produit moulé mais pas encore cuit et lui donneront une dimension tridimensionnelle et irisée. L'usage de la poudre perle de Holly products convient particulièrement pour obtenir le résultat souhaité. Le tas de sardines peut maintenant être cuit.

[Depuis j'ai trouvé un coloris clair plus approprié. Mais le résultat le plus satisfaisant est obtenu au départ d'une cane nuancée ....voir mon livre Making Miniature Food ou mon projet poisson sur YouTube , relié à mon site.]

Les cageots ont été réalisés par mon voisin suivant mes instructions. Il les a teint pour commencer dans une teinture acajou mais j'ai préféré nettement le vieux chêne qui leur donne un air usagé.

Passer un fil brun dans deux trous de chaque côté du cageot après avoir placé le fond de glace.

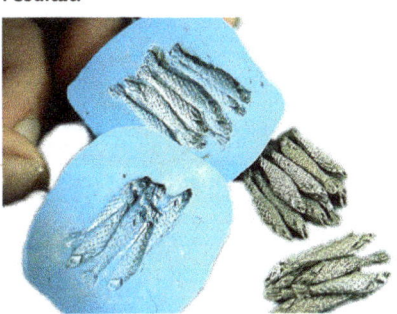

Etape 4

Pour réaliser le fond de glace j'ai utilisé des morceaux de verre sécurisé mais cela reste très dangereux et trop coupant. J'ai donc décidé de faire un moulage de ce fond de glace en réalisant d'abord un fond avec des morceaux friables de Fimo cuite. Cuire le moulage à basse température et

Etape 6

Le même procédé peut être utilisé pour tous les projets comprenant de la glace pilée pour échoppes de poissons etc…

peu de temps.

Etape 5

La glace s'obtient en utilisant de la résine transparente couleé dans le moule. Pour terminer il faut attendre que la résine soit bien sèche avant de démouler pour éviter d'endommager le moule.

Fraises

Publié à l'origine dans DHMS Magazine nr 89 Novembre 2001

... ou Jordgubbe

Il y a quelques mois j'ai passé quelques jours dans la belle ville de Stockholm en Suède. Je devais y donner quelques ateliers mais je dois admettre que mes souvenirs du voyage ressemblent plus à des souvenirs de vacances! Mes hôtes m'ont invitée pour un délicieux repas sur une des petites îles qui composent la ville de Stockholm. Le repas était fantastique, l'assemblée chaleureuse et l'accueil et les conversations très amusantes! À la fin du repas nous avons tous opté pour les fraises qui, je dois admettre n'avaient rien de suédoises.

Je ne me rappelle pas avoir bu plus d'un verre de vin, (quoique j'avais vraiment oublié les avertissements concernant le prix des boissons en Suède et encore plus celui des cocktails. Les fraises étaient délicieuses et l'une de mes élèves a proposé de relever le défi de faire des tranches de fraises. Je dois avoir souri bêtement et mon envie innée de plaire (ou était ce de l'arrogance m'a poussée à dire «je peux le faire») Ne sachant pas trop comment commencer j'ai évoqué des plans et dimensions et parlé pour ne rien dire ! Mais c'était dit et trop tard pour faire marche arrière.

Vous trouverez sur mon site angiescarr.co.uk des liens vers les vidéos You Tube au sujet des fraises.

Etape 1

Ma nouvelle amie Ma Lou m'a entendue et est arrivé le lendemain avec un panier de magnifiques fraises, assez grandes mais pas suffisamment grandes! Lorsque vous créez une cane miniature il y a une taille minimale à respecter pour ne pas perdre un seul détail visible à

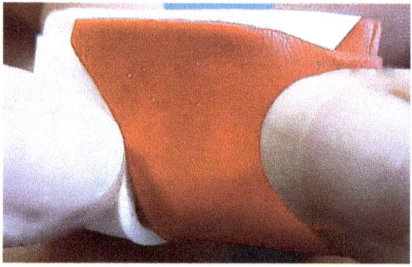

l'œil nu, et ceci est d'application pour les tranches de fraises à l'échelle 1/12e. Il est donc parfois préférable de se distancer du 1/12e pour les sujets infiniment petits tels les fraises.

Etape 2

Sue Heaser m'a enseigné 'le dégradé la technique est nommée «Skinner» parce qu'elle a été inventée par Judith Skinner. En utilisant cette méthode vous pouvez réaliser des teintes de dégradés en association avec d'autres techniques de canes. Il vous est possible ainsi d'obtenir des résultats stupéfiants. L'idée est mathématiquement simple, mais ne vous inquiétez pas si vous ne comprenez pas les maths, l'essentiel est de réunir deux triangles de couleurs différentes...

Etape 4

Vous pouvez réaliser un mélange parfait de couleurs en les mixant les unes avec les autres. Dans ma cane de fraises j'ai utilisé du rouge ajouté dans un mélange de blanc et translucide.

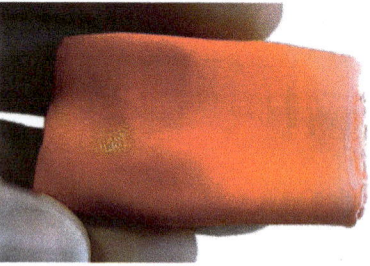

Etape 5

J'ai replié la partie dégradée obtenue et repoussée dans l'autre direction.

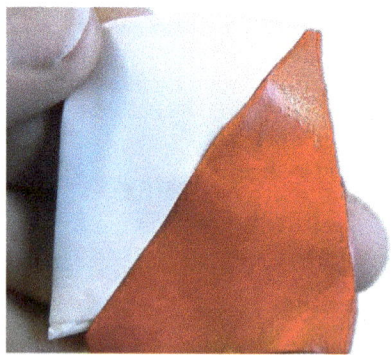

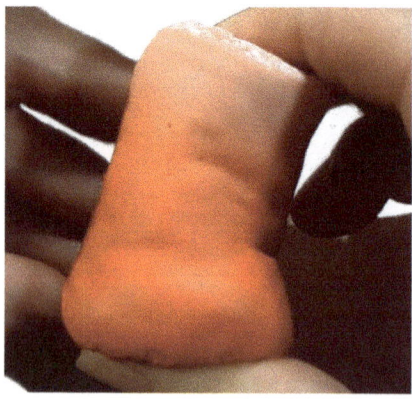

Etape 3

Et de continuer à plier et rouler dans la même direction …

Etape 6

Et rallongé d'un côté sans étirer le centre de la fraise.

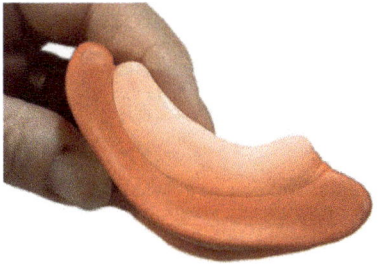

Etape 7

La lame utilisée pour découper les sections de pâte polymère n'est pas ma lame habituelle mais une lame légèrement recourbée pour obtenir un effet recourbé.

Etape 8

Ajouter ensuite les tranches blanches entre chaque section et rassembler le tout.

Etape 9

Je n'ai réalisé qu'une seule partie et l'ai allongée jusqu'à ce qu'elle soit longue assez pour la couperer en deux obtenant ainsi une image identique (miroir). La couleur pour le centre est du rouge tendre translucide

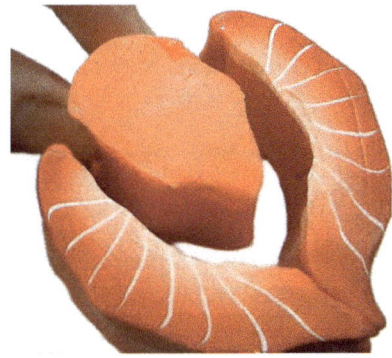

Etape 10

La large cane obtenue est ensuite étirée aussi finement que possible sans perdre le moindre détail. Vous pourriez étirer jusqu'à l'échelle 1/12e mais vous perdriez les détails si important pour l'effet réaliste et auriez besoin d'une loupe pour admirer le résultat.

En définitive, chère Ma Lou, je t'envoie les fraises miniatures tant souhaitées.

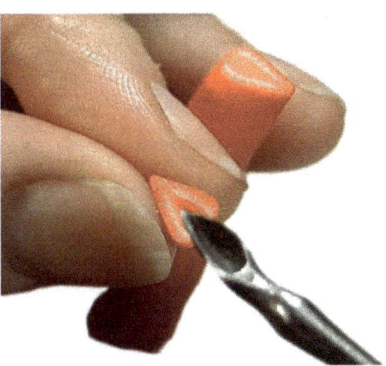

Remerciements

Parmis tant d'autres:
Gail and Aileen Tucker
Birdy Heywood
Alex Curtis (now Blythe)
Sue Heaser
Sam Kerridge (photographe des canes orange et choux sur 'Live at Ally Pally')

Pour leur soutien tout au long de ces années:
Margaret Curtis
Nicola Croad
Cilla Halbert and Pär

Et mon adorable mari et plus fervent supporter (chef…et esclave) Frank Fisher qui publie toutes mes photos et textes. Il est également l'instigateur de tous mes travaux publiés y compris cette nouvelle collection.

Traduit par Marie-Paule Hostyn, aides à la traduction Maryse Cuypers, Claire Scarr.

Je présente mes excuses aux centaines de clients et amis de qui les noms m'échappent mais dont le soutien fut toujours très apprécié.

Liste de contacts concernant les reportages publiés dans les magazines

Dolls House and Miniature Scene Magazine
www.dollshousemag.co.uk

Dolls House Projects
www.dollshouseprojects.co.uk

Dollhouse Miniatures Magazine (USA)
www.dhminiatures.com/

The Dolls House Magazine
www.thegmcgroup.com/

Index

Alexandra Palace	35		Milliput	18,22
Allsorts	44		Minitmold	18,22,56
Anglo Saxon	11		gui	36
artichauts	28		Mix Quick	12,18,24,33,40
bacon	39		moule	18,22,56
sachet	44		purée de pois	26
baies	36		moules	33
sanglier	8		net	13
pain	38		olive	31
butter	26		paella	31
chou, rouge	41		machine à pâtes	42
cane	14,19,47,54,60		pêche	52
fromage	52		poivrons	50
poulet	35		faisan	14
			cône de pin	30
Frites	26		ananas	17,29
chocolat	46		pizza	50
claygun	36		pomme de terre	25
coleslaw	25		poudre	57
coupe	10,36,42,46		résine	58
oeufs	22		riz	33
extruder	36		sandwich	38
œil	14		sardines	56
plumes	15		Scenic Water	24
Fimo Liquid	24,40		graines	54
poissons	56		tamiser	28
verre	58		**Skinner dégradé**	60
glaçure	10		calmars	20
Humbrol	10,18,36		fraise	59
berlingots	45		bonbons	44
glace	58		tapas	31
aiguille à tricoter	50		lame de tissu	61
feuilles	10,36,43		tomates	53
réglisse	44		langue	47
homard	11		Tudor	8
marbre	21		vernis	21
mash	26		Victorienne	44
médiévale	8		Viking	43
mailles	28		osier	8

www.ingramcontent.com/pod-product-compliance
Lightning Source LLC
LaVergne TN
LVHW061626070526
838199LV00070B/6600